Bruno Johannsson
Christliches Manifest

Edition Aquin
2.1

Der Autor

hat Ökonomie, Philosophie und Theologie an der Universität des Saarlandes studiert und in Forschung und Lehre gearbeitet und publiziert. Nach Renteneintritt verlagerte sich sein Schwerpunkt mehr auf philosophische und theologische Themen. Er ist Gründungsmitglied des Vereins für Freie Bildung e. V. und des Café Philo in Chemnitz. 2015 erhielt er den Preis der Jury beim Philosophy Slam, Chemnitz. Seit 2017 publizierte er zusammen mit Thea Johannsson fünf Bände philosophische Dialoge in der von ihnen entwickelten neosokratischen Methode. Dabei befassten Sie sich mit zeitlosen und aktuellen Fragestellungen aus der Sozialphilosophie, der Erkenntnistheorie, der Ethik, der Metaphysik und der Anthropologie. Radio Darmstadt hat einen Teil ihrer Dialoge zum Gegenstand von zehn Sendungen gemacht. In der vorliegenden Publikation verbindet Johannsson seinen ökonomischen, philosophischen und theologischen Sachverstand und umreißt – entgegen dem postmodernen Mainstream und im Sinne von Thomas von Aquin– ein philosophisches System auf theologischer Grundlage.

Bruno Johannsson

Christliches Manifest
Die Thesen, Fragen und Vorschläge aus
„Jahrhunderte nach Luther"

Edition Aquin

Bibliografische Information der Deutschen Nationalbibliothek: Die Deutsche Nationalbibliothek verzeichnet diese Publikation in der Deutschen Nationalbibliografie; detaillierte bibliografische Daten sind im Internet über http://dnb.dnb.de abrufbar.

Coverfoto: Die Thorwaldsen Statue von Jesus Christus in Kopenhagen
© 2021 Marcus Kosak

Herstellung und Verlag: BoD – Books on Demand,

Norderstedt

ISBN: 9 783754 307427

Für Martin Luther und Joseph Smith,
denen wir möglicherweise mehr verdanken
als wir ahnen.

Inhalt

I. Vorbemerkungen

1. Warum diese Kurzfassung von „Jahrhunderte nach Luther"

Der Autor möchte auch diejenigen unter den interessierten Lesern erreichen, die nicht so viel Zeit investieren wollen, um seine Thesen, Fragen und Vorschläge kennenzulernen. Mit dieser Kurzfassung erhalten sie trotzdem die Möglichkeit, sich an der Diskussion zu beteiligen.

2. Zu Luther und seinen Thesen

Das 500jährige Jubiläum der Reformation durfte mit Recht global als bedeutendes Ereignis gefeiert werden. Selbst die Katholische Kirche konnte es mitfeiern, hat sie doch seit Luther manche gravierende Missstände beseitigt. Ob sie es ohne die Reformation überhaupt bzw. in dem gleichen Zeitrahmen getan hätte, ist eine schwer zu beantwortende Frage. In jedem Fall darf Luther als ein potenzieller Märtyrer geehrt werden: Er war bereit, für seine Überzeugung zu sterben. Nur die damalige Machtkonstellation und die Protektion des Sächsischen Kurfürsten haben diesen Märtyrertod verhindert. Der ihm zugeschriebene - aber von ihm vielleicht doch nicht tatsächlich ausgesprochene - Satz hat in allen Jahrtausenden bis in unsere Gegenwart hinein das Schicksal richtungweisender Persönlichkeiten aller Weltanschauungen geprägt: ‚Hier stehe ich. Ich kann nicht anders. Gott helfe mir. Amen'. Dieser Satz hätte auch das Motto von Jesus Christus selbst sein können, als dessen Knecht sich Martin Luther mit Recht betrachtet hat. Wenn wir den zweiten Teil ‚Gott helfe mir. Amen' weglassen, so prägt dieser Satz auch das Verhalten von Millionen Andersgläubiger und Atheisten, die ihr Leben für ihre Überzeugung in den Jahrtausenden der Menschheitsgeschichte riskiert haben und auch in unserer Zeit noch einsetzen. Ich denke an die Verfolgung von Dissidenten aller Couleur in den totalitären Systemen von Adam an.

Die Tatsache, dass sich die Veröffentlichung der 95 Thesen Luthers im Jahre 2017 zum 500. Mal jährte, hat mich in der Tat zu diesem Buch inspiriert. Trotzdem dürfen meine Thesen nur in geringem Umfang als Stellungnahme zu Luthers Thesen verstanden werden und zwar aus mehreren Gründen. Luthers Thesen befassen sich zu einem großen Teil direkt oder indirekt mit der damaligen Praxis, sich Sündenvergebung durch Ablassbriefe zu erkaufen. Dieser Missstand spielt in der heutigen Katholischen Kirche keine Rolle mehr und bedarf von daher keines weiteren Kommentars. Luthers grundsätzlichen Ausführungen zum Thema Sünde und Gnade stimme ich in meinen Ausführungen mit Einschränkungen zu und versuche sie in einen größeren Zusammenhang zu stellen. Eine ganze Reihe von Luthers Thesen befasst sich darüber hinaus mit der Rolle des Papsttums in der damaligen Zeit. Auch hier hat es sicherlich Änderungen gegeben, deren Tragweite ich nicht voll einschätzen kann und als Nicht-Katholik auch nicht kommentieren möchte, da es sich um ein innerkirchliches Problem handelt.

Luthers Thesen stehen ganz im Kontext seiner Zeit, die durch eine weitgehend unangefochtene geistliche Herrschaft und einen starken politischen Einfluss der katholischen Kirche im damaligen Europa geprägt war. Hier gibt es die entscheidende Parallele zu meinen Thesen. Auch diese sehe ich in engem Kontext zu ihrer Entstehungszeit, die aber mehr als fünf Jahrhunderte später durch Säkularisierung und einen globalen weltanschaulichen Pluralismus geprägt ist. Im Hintergrund steht also nicht – global gesehen – eine einzige herrschende Weltanschauung, sondern eine große Vielfalt vom Atheismus über die Ideologien und Weltreligionen hin zu zahlreichen kleineren Strömungen. Diese säkular-pluralistische Welt konfrontiere ich mit dem Anspruch aus alter und neuer christlicher Offenbarung, dass Jesus Christus der Gott der ganzen Erde ist und dass in Ihm und in Seiner Lehre – schon oder noch nicht offenbart – alle Philosophie und Wissenschaft, alle Kunst und Politik zusammenfließen. Anstatt einer weltanschaulichen Auseinandersetzung propagiere ich eine „weltanschauliche Zusammensetzung" und eine Wiederherstellung aller guten und wahren Dinge aus allen Epochen der Menschheitsgeschichte.

In dieser Perspektive stehe ich nicht allein. Es ist seit Joseph Smith (1806-1844) die historische Sichtweise der Heiligen der Letzten Tage: Wir befinden uns in der Epoche der Fülle der Zeiten und der Wiederherstellung aller Dinge. Es ist die letzte große Epoche der Menschheitsgeschichte vor dem Zweiten Kommen Jesu Christi. Dieses habe ich vor Augen, wenn ich ausgehend von einer theologischen Basis Schlüsse für philosophische und einzelwissenschaftliche Fragestellungen unserer Zeit ziehe. Dabei handelt es sich voll und ganz um meine persönliche Sichtweise und nicht um den Standpunkt irgendeiner Kirche oder Organisation.

Mir ist klar, dass nicht wenige sagen werden: Damit wird das Rad der Geschichte zurück gedreht. Ich würde mit einer Modifikation dieses Bildes antworten: Die Geschichte gleicht einem Lauf, der in einem Stadion begonnen hat und der wie ein Marathonlauf bei den Olympischen Spielen in einem Stadion enden wird. Diese Perspektive im Hinblick auf das Tausendjährige Reich Jesu Christi habe ich schon vor 1976 in folgendem Gedicht niedergelegt:

ion
Es winkt das Stad   schon.
                  ium

Vogelstimmen und Flügelschlag.
Selbst das Dröhnen der Kolonnen wird übertönt.
Kinder spielen im Garten vor dem Haus.
Am Fenster flirtet die Tulpe mit dem Krokus.
Dreht sich der Morgen noch im Kreise?

Konturen tauchen in milchige Nebel,
schmelzen ins Auge über Tränenströme.
Knospen sind längst schon angeschwollen,
um die Blüte hinzuschleudern
vor das Angesicht der Welt.
Wirft der Kreis schon längst Spiralen aus?

An Meereswogen grünt die Stadt,
und wo die Wildnis jetzt noch haust,
dort blüht ein Garten allzu bald.
Weiche Züge strömen in den See.
Frauen lagern sich am Ufer,
wo ein Löwe erste Tränen weint,
weil das süße Lamm sich vor ihm räkelt.

                  ium
Es winkt das Stad   schon,
                  ion
in dem der Kreis sich dreht,
in den der Lauf einst münden wird.

(Bruno Johannsson (2021): Komm. Gedichte. Zweite
erweiterte Auflage, BoD, Norderstedt, S. 58)

3. Die innere Logik dieses Buches

Grundlage meiner Überlegungen sind theologische Überzeugungen (vgl. Thesen 1 bis 30), die in diesem Buch allerdings nur teilweise hinterfragt, belegt bzw. begründet werden. Dieses „teilweise" ergibt sich allein schon aus dem Essaystil, der den Haupttext dominiert. Auch die umfangreichen Fußnoten sollten nicht zu dem Fehlschluss verleiten, dass es sich um theologisch-wissenschaftliche Ableitungen im strengen Sinn handelt. Dies ist allein schon deshalb nicht der Fall, weil ich die christlich-theologischen Diskussionen der letzten beiden Jahrtausende bei weitem nicht voll einbeziehen kann.

Die theologische Basis, von der ich ausgehe, ist selbst wiederum gegründet auf die jüdisch-christliche Überlieferung Heiliger Schrift. Vereinzelt vermag ich einen Blick auf islamische und hinduistische Gedanken zu werfen. Dies hält sich jedoch in engen Grenzen auf Grund meiner bisher geringen Vertiefung in die Schriften dieser Religionen. Unter christlichem Kanon verstehe ich zunächst das Alte und Neue Testament als Quellen „alter Offenbarung". Hinzu kommen die Standardwerke der Heiligen der Letzten Tage, die ich als Heilige Schrift einstufe und gelegentlich als neue Offenbarung bezeichne. Dabei handelt es sich um das Buch Mormon, das Buch der Lehre und Bündnisse und die Köstliche Perle.

Die drei zuletzt genannten Quellen haben den Vorteil, dass sie in englischer Sprache entstanden sind, die ich soweit beherrsche, dass ich mir eigene Übersetzungen zutrauen kann. Dabei verfolge ich das Prinzip, im Zweifelsfall wörtlich zu übersetzen, auch wenn der deutsche Text etwas holprig klingt. Bei den vorhandenen Übertragungen ins Deutsche wurden teilweise Formulierungen und Glättungen gewählt, die mich nicht ganz überzeugen.

Bei den Büchern der Bibel ist mir bewusst, dass die Überlieferungs- und Übersetzungsproblematik überwiegend noch schwieriger ist. Die zahlreichen Übersetzer einschließlich Luther haben sich mitunter große Freiheiten erlaubt, sodass ich mich dafür entschieden habe, die im deutschsprachigen Raum verfügbaren Interlinearübersetzungen aus dem Hebräischen und Griechischen zugrunde zu legen und so wenig wie möglich zu glätten.

Was die Zuverlässigkeit der genannten Quellen angeht, so ist deren Einschätzung von Fall zu Fall letztlich ein Glaubensakt, der der Inspiration bedarf. Dafür, dass die Bücher der Bibel im Wesentlichen ernst zu nehmende Quellen sind, kann ich christliche Theologie durch die Jahrtausende hindurch als Zeugen anführen. Als herausragende Einzelpersönlichkeit aus dieser großen Zahl von Zeugen möchte ich zunächst Martin Luther nennen, der die Übertragung ins Deutsche geleistet hat. Als weiterer für mich bedeutender Zeuge fungiert Joseph Smith, der die Bibel zwar teilweise korrigiert und ergänzt aber doch im Wesentlichen anerkannt hat. Nicht zuletzt verdient das umfangreiche katholisch-evangelische Gremium meinen Respekt, das im Jahr 1980 die Einheitsübersetzung hervorgebracht hat, die auch von den Heiligen der Letzten Tage anerkannt und benutzt wird. Für das Alte Testament tritt das Zeugnis der jüdischen Theologen der vergangenen Jahrtausende hinzu. Auch Jesus Christus selbst sowie Johannes, Petrus und Paulus haben direkt oder indirekt die Bücher Mose und der Propheten Jesaja, Jeremia usw. anerkannt und sich darauf bezogen. Ich möchte aber nicht nur den Messias, Seine Propheten, Priester und Schriftgelehrten als Zeugen anführen, sondern auch Millionen von „einfachen" Gläubigen, die durch die Jahrtausende hindurch Zeugnis in Wort und Tat von der Validität der christlichen Heiligen Schriften abgelegt haben. Aus dieser Perspektive gesehen stehe ich nicht allein, wenn ich diesen Quellen im Wesentlichen vertraue und daraus meine theologische Basis für philosophische und einzelwissenschaftliche Überlegungen herleite. Trotzdem besteht kein Zweifel: Die Grundlage dieses Buches beruht auf Glauben und nicht auf Wissen im Sinne des Wissenschaftsbegriffs unserer Zeit.

Wenn ich die durch Überlieferung und Übersetzung gefilterte christliche Theologie als quasi axiomatische Basis meiner Überlegungen darlege, so ist mir bewusst, dass dies im logischen Sinn eine ungewöhnlich komplexe und problembehaftete Basis ist. Diesen Sachverhalt kann ich aber dadurch mildern, dass ich die gesamte christliche Lehre auf eine einzige Person und ein einziges Prinzip reduziere: Auf die Person Jesus Christus und auf das Prinzip Liebe. Sie sind, wie ich noch ausführlicher begründen werde, wie zwei Seiten ein und derselben Medaille. Im Prinzip Liebe wird die auf die gesamte Lebensvielfalt bezogene christliche Lehre auf ein einziges Prinzip reduziert, wie Jesus selbst es z. B. in Matthäus 22:40 formuliert hat. In der Person Christi wiederum ist dieses Prinzip vollkommen verkörpert und realisiert, wie uns Johannes im 1. Johannesbrief 4:16 sagt „Gott ist die Liebe…" Durch diese in der christlichen Überlieferung zutiefst verankerte Reduktion wird die axiomatische Basis meiner Überlegungen wieder sehr überschaubar.

Bei der Herleitung von Konsequenzen für einzelwissenschaftliche Disziplinen ergeben sich in diesem Buch punktuelle Beiträge zur Erkenntnistheorie, Wissenschaftstheorie, Kosmologie, Anthropologie, Psychologie, Medizin, Ästhetik, Soziologie, Ökonomie und Politologie. In drei Fällen könnte man von relativ neuen Paradigmen sprechen, die geeignet sind, theoretische Grundlage weiterer wissenschaftlicher Forschung zu sein. Dies betrifft einmal einen geistwissenschaftlichen Ansatz, der zwischen Naturwissenschaft und Esoterik angesiedelt ist (Vgl. Kapitel D). Weiterhin wird ein umfassendes Konzept zu einer Theorie der Zivilisation vorgeschlagen (Vgl. Kapitel I). Auch die ethischen Überlegungen haben grundlegenden Charakter, ohne im Einzelnen den Anspruch auf Neuheit zu erheben (Vgl. Kapitel H).

Da die Form des Essays gewählt wurde, kann man natürlich nicht eine logisch exakte Deduktion erwarten, wie dies z. B. in der mittelalterlichen Scholastik oder – auf anderer Grundlage – bei Ludwig Wittgenstein tendenziell der Fall war. Während es mir bei jeder einzelnen Thesenformulierung im Prinzip auf jedes Wort ankommt, ist der anschließende Essay durch ein relativ spontanes Umkreisen der These gekennzeichnet. Mitunter verliere ich meine theologische Basis vielleicht auch etwas aus den Augen. Aber sie macht sich doch – so hoffe ich - immer wieder bemerkbar als Denkanstoß und Korrektiv gegenüber den herrschenden Theorien im Bereich der oben angeführten philosophischen Disziplinen bzw. Einzelwissenschaften.

An dieser Stelle ein Wort an diejenigen meiner potenziellen Leser, die weder einen emotionalen noch intellektuellen Zugang zu den Denkweisen von Christen, speziell von Heiligen der Letzten Tage, haben. Ich habe volles Verständnis dafür, wenn sie das Buch gleich beiseitelegen. Andererseits wäre es durchaus denkbar, dass sie es mit Gewinn lesen können und evtl. sogar feststellen, dass ich bei der Herleitung meiner einzelwissenschaftlichen Konsequenzen teilweise zu ähnlichen Ergebnissen gelange wie z. B. ein katholischer Theologe, ein orthodoxer Jude, ein Moslem oder ein atheistischer Humanist. Der Bogen, den ich in diesem Buch spanne, reicht in der Tat von Jesus Christus über Martin Luther und Joseph Smith bis hin zu Karl Marx.

Bei diesem Buch handelt es sich einerseits um einen Text, der in seinem theologisch-philosophischen Teil eine gewisse Zeitlosigkeit beansprucht. Andererseits möchte er Vorschläge für die Zukunftsgestaltung begründen und muss dazu von einer aktuellen Lagebeurteilung ausgehen. Da er 2016 abgeschlossen wurde, sind in ihm drei Themenkomplexe nicht ausreichend berücksichtigt, die zweifellos von hoher Relevanz für die Zukunft der Menschheit sind: Corona-Pandemie, Klimawandel und Flüchtlingsproblem. Zur letzteren Frage habe ich schon 2017 ein grundlegendes Werk mit 27 Thesen vorgelegt, das man durchaus als Ergänzung von „Jahrhunderte nach Luther" betrachten kann. Zu den ersten beiden Themenkomplexen werden in diesem Buch nur indirekt Analysen und Vorschläge unterbreitet, insbesondere was die globale Ungerechtigkeit und die Reform der UNO betrifft.

4 .Einladung zur Disputation

„Aus Liebe zur Wahrheit und in dem Bestreben, diese zu ergründen, soll in Wittenberg unter dem Vorsitz des ehrwürdigen Vaters Martin Luther, Magisters der freien Künste und der heiligen Theologie sowie deren ordentlicher Professor daselbst, über die folgenden Sätze disputiert werden. Deshalb bittet er die, die nicht anwesend sein und mündlich mit uns debattieren können, dieses in Abwesenheit schriftlich zu tun. Im Namen unseres Herrn Jesu Christi, Amen."[1] So lauteten die Worte, mit denen Luther seine Thesen eingeleitet hatte. Dies entsprach den akademischen Sitten seiner Epoche. Die Zeiten und Gebräuche haben sich geändert: Heutzutage findet an den Universitäten nur noch selten eine Live-Disputation statt, wenn man von den Promotionsverfahren absieht. Die technischen Möglichkeiten der Kommunikation bewegen sich inzwischen durch die Entwicklung des Internet in ganz neuen Bahnen, die auch in gewissem Umfang bei diesem Projekt genutzt werden. Die dem Leser vorliegende Fassung des Buches kann mit Hilfe der Leser eine wesentliche Verbesserung erfahren. Zunächst ist jeder Leser eingeladen, Kommentare, Kritik, Verbesserungsvorschläge, bibliographi-

---

[1] http://www.luther.de/leben/anschlag/95thesen.html (2015)

sche Hinweise inkl. Stellen in der Heiligen Schrift usw an Bruno.Johannsson@yahoo.com zu senden. Dabei bitte nicht vergessen, Kapitel (A bis K), Nummer der These und möglichst auch die – im Text nicht angegebene – Nummer des Absatzes innerhalb des Essays anzugeben. Letzteres natürlich nur, wenn sich der Kommentar auf eine konkrete Textstelle bezieht.

Sollten die Rückmeldungen ein gewisses Maß überschreiten, behält sich der Autor die Möglichkeit vor, nicht auf alle Einlassungen im Detail zu reagieren. Dies ist im fortgeschrittenen Alter eine Frage der Zeit und der Kraft. An dieser Stelle aber schon einmal herzlichen Dank im Voraus für die Mühe der Lektüre und für den Feed Back. Sollte es einem Leser gelingen, den Autor zur Änderung einer These oder des Essays zu einer These zu bewegen, so erhält er auf jeden Fall eine Rückmeldung und wird namentlich in der zweiten Auflage des Buches genannt, sofern er dem nicht ausdrücklich widerspricht. Die zweite und hoffentlich wesentlich verbesserte Fassung dieses Buches wird hoffentlich ein Dokument für etwas sein, das ich in diesem Buch propagiere: Eine weltanschauliche Zusammensetzung.

Die obige Einladung zu einem Kommunikationsprozess wird dem Leser hoffentlich auch deutlich machen, dass ich mir folgender Tatsache bewusst bin: Ich weiß nicht, was ich nicht weiß und manches halte ich heute für Wissen, was sich doch eines Tages als Irrtum entpuppt. Die Grenzen meines Wissens werden auch durch die Fragen angedeutet, die sich am Ende der meisten Essays befinden. Sie sind eine Einladung an den Leser, mir diese Informationen zukommen zu lassen. Insoweit dieses Wissen noch gar nicht existiert, ist es eine Einladung an die Forschung, entsprechende Projekte zu betreiben.

Eine wesentliche Vertiefung der kritischen Reflexion einzelner meiner Thesen liegt bereits in Form von 5 Bänden philosophischer Live-Dialoge vor, die Thea Johannsson und ich in den letzten Jahren durchgeführt, aufgezeichnet und in fünf Bänden publiziert haben (für Details siehe Anhang, S. 79-80). Thea und ich haben in den philosophischen Dialogen wechselseitig die Rolle der Hebamme im Sinne des Sokrates gespielt und zahlreichen unserer Gedanken ans Licht des Tages verholfen.

Thea Johannsson war es auch, die das vorliegende Werk gelesen und durch zahlreiche Kommentare beeinflusst hat. Außer ihr gab es nur noch eine Person, die den Gesamttext vor Augen und auf manchen Fehler hingewiesen hatte: Hilary Teske, die bereit war, die Übersetzung ins Englische zu übernehmen, ohne die Gewähr zu haben, dass sich überhaupt ein Verlag für das Werk interessiert. Ihr ist es zu verdanken, dass dieses Werk hoffentlich fast zeitgleich in deutscher und englischer Sprache erscheint. Last but not least möchte ich zweien meiner akademischen Vorbilder besonders danken, die das nicht allzu verbreitete Denken in Thesen praktiziert und mir nahegebracht haben: Prof. Dr. Herbert Giersch und Prof. Dr. Olaf Sievert, beide an der Universität des Saarlandes tätig und beide langjährige Vorsitzende des Sachverständigenrates zur Begutachtung der Gesamtwirtschaftlichen Entwicklung.

II. Die 95 Thesen in ihrer Gesamtheit

A) Gibt es Ihn und wenn ja wie viele?
Thesen zur Theologie

1. Eli ist der höchste Gott unseres Universums.
2. Eli ist unsterblich.
3. Eli hat das Ewige Leben.
4. Eli ist von Liebe durchdrungen und strahlt Liebe in das Universum aus.
5. Eli lebt an einem bestimmten Ort im Universum inmitten einer von Ihm gestalteten celestialen Zivilisation.
6. Eli hat sich die Unsterblichkeit und das Ewige Leben selbst erarbeitet.
7. Eli hat in unserem Universum viele Zivilisationen gestaltet.
8. Elis Schöpfungen ähneln der Urevolution, sind aber gesteuert und zeitlich gerafft.
9. Eli übt Seine Herrschaft im Universum durch die Träger Seines Priestertums aus.
10. Eli ist der Urmensch. Wir sind Seine Kinder.
11. Jesus Christus ist der Sohn Elis in geistiger und fleischlicher Hinsicht.
12. Jesus Christus ist unter der Leitung Elis der Gott dieser Erde.
13. Jesus Christus hat an der ersten Formung dieser Erde mit gestaltet und spielt die zentrale Rolle bei ihrer Vollendung.
14. Jesus Christus ist die gleiche Person wie Jehova (Jahwe).
15. Jesus Christus hat für die Sünden der Welt gesühnt.
16. Der Glaube an Jesus Christus ermöglicht Ewiges Leben
17. Der Heilige Geist hat einen Geistkörper im Ebenbild Gottes
18. Der Heilige Geist „bemuttert" die Heiligen.

19. Luzifer ist ein geistiger Sohn Elis, hat gegen seinen Vater rebelliert und wurde aus der himmlischen Zivilisation verbannt.

20. Satan und seine Teufel haben keinen Körper aus Fleisch und Bein, können aber unter bestimmten Bedingungen in solche Körper eindringen.

21. Satan und seine Teufel sind unzerstörbare geistige Wesen.

22. Satan und seine Heerscharen bewirken das Böse auf dieser Erde solange und soweit es ihnen von Eli erlaubt ist.

23. Es gibt viele Götter, aber nur Eli darf angebetet werden.

24. Das Gottestum ist jedem Menschen als Erbe angeboten.

25. Die Geschichte der Menschheit ist ein unter Leitung von Eli entworfenes Drama, in dem jeder Schauspieler sich selbst spielt, ohne seine Rolle vollständig zu kennen.

26. Der Fall Adams, das erste und zweite Kommen Christi und das Jüngste Gericht sind die zentralen Ereignisse der Geschichte der Menschheit.

27. Jehovah hat unter der Leitung von Eli die Geschichte der Menschheit durch Offenbarungsschübe und persönliche Eingriffe gesteuert.

28. Aus der Sicht Gottes ist die Menschheitsgeschichte geprägt durch einen Wechsel von Abfall und Wiederherstellung.

29. Im letzten Jahrtausend wird Christus über die Erde präsidieren und sein Volk zur Vollkommenheit führen.

30. Am Ende des Milleniums erfolgt die Entfesselung und Wiederbindung des Widersachers, das Jüngste Gericht und die Umwandlung der Erde.

B) Was ist Wahrheit und wie finde ich sie?
Thesen zur Erkenntnistheorie

1 Wahrheit ist die Eigenheit eines Bildes von Etwas, das Sein desselben bestmöglich darzustellen.
2 Jede Sprache erzeugt und begrenzt die Möglichkeiten wahre Bilder zu erzeugen.
3. Die Verbesserung des Wissensstandes setzt in vielen Fällen eine Verbesserung der Sprache voraus.
4. Das Wissen eines Menschen ist umso größer, je günstiger der Saldo aus wahren und falschen Bildern in seinem Geist ist.
5. Wissen kann durch Kommunikation oder Forschung erlangt werden.
6. Alles Wissen, das je auf dieser Erde vorhanden sein wird, bestand im Universum schon vor Entstehung des Planeten.
7. Die bisher erarbeiteten Forschungsmethoden reichen nicht aus, um alles lebensnotwendige Wissen zu erzeugen.
8. Göttliche Offenbarung ist die Form der Kommunikation mit den größten Chancen und Risiken.
9. Eli hat jedem Menschen die bedingte Verheißung persönlicher Offenbarung gegeben.
10. Die vollkommene Erkenntnis von etwas setzt die intelligenzmäßige Überlegenheit des Erkennenden über das Erkannte, zumindest aber seine intelligenzmäßige Gleichheit voraus.

C) Der Kegel des Wissens
Thesen zur Wissenschaftstheorie

1. Jedes Phänomen ist im Prinzip Gegenstand einer Wissenschaft.

2. Wie eng der Wissenschaftsbegriff gefasst wird, hängt von den Ansprüchen ab, die man an Methoden und Ergebnisse von Wissenschaft stellt.
3. Das System der Wissenschaften kann als expandierender Kegel veranschaulicht werden.
4. Im Kegel der Wissenschaften bildet die Philosophie den Spitzenkegel.
5. Die Theologie ist die Wissenschaft mit dem größten Potential, andere Wissenschaften zu beeinflussen.

D) Geist und Materie
Thesen zur Geistwissenschaft

1. Geist ist der kleinste Baustein der Materie.
2. Geist ist in allen bisher nachgewiesenen Bausteinen der Materie enthalten.
3. Geistelemente haben den Charakter eines Mikrochip.
4. Es gibt mindestens zwei Arten von Geistelementen.
5. Geistelemente können zu Geistkörpern organisiert werden.
6. Geistkörper können frei oder an grobstoffliche Körper gebunden sein.
7. Freie Geistkörper können sich in festen, flüssigen und gasförmigen Substanzen bewegen

E) Geraffte und gesteuerte Evolution
Thesen zur Kosmologie

1.Das Grundprinzip unseres Universums ist die Liebe Gottes.
2. Im Universum gibt es eine große Zahl unterschiedlicher Zivilisationen.

3. Im Universum gibt bzw. gab es eine Urerde, auf der Leben durch volle Evolution entstanden ist.

5. Vor der Entstehung der natürlichen Strukturen der Erde bestanden bereits die entsprechenden geistigen Strukturen.

6. Unsere Erde ist als eine Mischung aus göttlicher Intervention und natürlicher Evolution entstanden.

7. Unsere Erde ist dazu bestimmt ein celestiales System zu werden.

F) Hochentwickelter Affe oder Kind Elis?
Thesen zur Anthropologie

1. Jeder sterbliche Mensch nach Adam ist ein duales Wesen.
2. Der sterbliche Mensch ist eine Karikatur seiner ewigen Identität.
3. Der Mensch ist ein mikrokosmisches Abbild der Gesellschaft.
4. Die subjektiv empfundene Freiheit beruht auf einem Mangel an Selbsterkenntnis.
5. Jedes Menschenleben ist ein Drama, dessen Hauptdarsteller seine Rolle nicht kennt.

G) Ein Staat en Miniature
Thesen zu Psychologie und Medizin

1. In jeder Seele gibt es mindestens zwei Parteien.
2. Das Ich ist das Zentralorgan der Seele.
3. Vollkommenheit verlangt die Bereitschaft auf Gesundheit und Leben zu verzichten.
4. Ganzheitliche und nachhaltige Hilfe muss den Wechselbeziehungen zwischen den Emanationen des Individuums Rechnung tragen und sein Ich stärken.

H) Was ist zu tun?
Zur Ethik

1. Gut ist, was in einer bestimmten Situation dem Willen Gottes entspricht.
2. Jede Tat, die die Bedingungen der umfassenden Liebe erfüllt, ist gut.
3. Die Gebote Gottes überbrücken die Defizite des jeweiligen Standes der Wissenschaft.
4. Die Gebote Gottes sind wie Sterne in der Nacht auf dem Weg zum höchsten Gipfel.
5. Die Liebe ist die Mutter aller anderen Tugenden.
6. Familienbande können Himmelsbande sein.
7. Wer sich einfach gehen lässt, kann leicht in eine Falle tappen.
8. Der Königsweg ist ein schmaler Pfad durch Täler der Demut zu Gipfeln der Freude.
9. Auch über den Wolken ist die Freiheit nicht grenzenlos.
10. Jedem seine Welt!

I) Raum, Zeit und alles, was darin ist.
Thesen zur Totologie

1. Der Garten Eden kann als Modell einer geschlossenen, statischen und harmonischen Zivilisation dienen.
2. Der Grad der Harmonie in einer Zivilisation hängt in hohem Maße vom Verhältnis der in ihr aktiven Weltanschauungen ab.
3. Pluralismus und Multikultur sind Eckpfeiler gelebter geistiger Freiheit.
4. Im Wettbewerb der Weltanschauungen sollten sich die staatlichen Instanzen so neutral wie möglich verhalten.

J) Was zieht uns hinan?
Thesen zur Kulturphilosophie und Ästhetik

1. Die Vielfalt der Kulturen beruht auf einem breiten Spektrum ästhetischer Neigungen, die teilweise weltanschaulich geprägt sind.
2. Das klassische Ideal des Guten, Wahren und Schönen wird die Kultur während des Milleniums prägen.

K) Der globale Königsweg
Thesen zur Ökonomie und Politologie

1. Ein Mehr an Gütern ist mitunter ein Weniger an Wohlfahrt.
2. Die suggestiv-emotionalen Teile der Produktwerbung sind ethisch bedenklich.
3. Eine positive Erwerbsarbeit-Freizeit-Schaukel kann erhebliche Wohlfahrtssteigerungen bewirken.
4. Durch Umverteilungsprozesse auf allen Ebenen können dramatische Wohlfahrtssteigerungen erzielt werden.
5. Die globale Beseitigung der Armutssterblichkeit braucht sehr viel höhere Priorität.
6. Selbstbestimmungsrechte auf allen Ebenen in allen Staaten bedürfen der Weiterentwicklung.
7. Für den internationalen Wettbewerb der Weltanschauungen sollten weltweit faire Regeln aufgestellt und von der UNO durchgesetzt werden.
8. Demokratie und Marktwirtschaft sind wichtige Übergangsformen auf dem Weg zum Millenium.
9. Demokraten aller Länder vereinigt euch!
10. Ökonomischer Fortschritt sollte langfristig keine Verlierer haben.

11. Nur in einer von Liebe geprägten Zivilisation ist der Marx'sche Grundsatz ‚jeder nach seinen Fähigkeiten, jedem nach seinen Bedürfnissen' realisierbar.

III. Die Thesen mit den offenen Fragen und den Vorschlägen

A) Gibt es Ihn und wenn ja wie viele?
Zur Theologie[2]

These 1: Eli ist der höchste Gott unseres Universums.

Offene Fragen:

1. Wie weit reicht die macht (Macht) Elis in unserem Universum? Hat Er z. B. auch die Macht, die Geschwindigkeit der Ausdehnung des Universums zu beeinflussen?

2. Gibt es Paralleluniversen und wenn ja, unterstehen sie auch der Macht Elis?

3. Hat die Hierarchie der Götter mehr als zwei Stufen und wenn ja, wodurch unterscheiden sich diese Stufen?

These 2: Eli ist unsterblich.

Offene Fragen:

1. Kann ein unsterbliches Wesen eine vorübergehende Trennung von Leib und Geist willentlich herbeiführen? Beispiel: Kann Jesus Christus, nachdem Er ja auferstanden ist, noch als Geist erscheinen und damit Seinen Leib vorübergehend ablegen?

2. Auf welche Weise sind Geistkörper und Leib miteinander verzahnt?

3. Kann ein unsterbliches, auferstandenes Wesen durch Wände gehen, was wir normalerweise von einem reinen Geist annehmen?

---

[2] Vgl. zu den Thesen dieses Kapitels Allred, Gordon (1979): God the Father, Deseret Book Company, Salt Lake City.

4. Gibt es in einem unsterblichen Leib irgendeine Art von Stoffwechsel? Welche Rolle spielen die Blutgefäße und Ausscheidungsorgane?

5. Welche chemisch-physikalisch-informatischen Eigenschaften hat das Licht, von dem Eli durchflutet und umhüllt ist?

6. Inwieweit können Informationen und Einstellungen durch das Licht kommuniziert werden, das von der Gegenwart Elis ausgeht?

These 3: Eli hat das Ewige Leben.

Offene Fragen:

1. Mit welchen Technologien bewegt sich Eli im Universum?

2. Stimmt es, dass Eli nur an einem Ort zu einer Zeit sein kann?

3. Welche Möglichkeiten der Anpassung Seines Körpers an nicht-himmlische Bedingungen hat Eli?

4. Welche Eigenschaften hat und welche Rolle spielt die Sexualität im Dasein Elis?

5. Welche Dimensionen hat Ewige Vermehrung und welche Rolle spielt Eli dabei?

These 4: Eli ist von Liebe durchdrungen und strahlt Liebe in das Universum aus.

Offenen Fragen

1. Auf welche Weise ist die Liebe in Eli versiegelt, sodass Er immer in ihr verbleibt bzw. verbleiben muss?

2. Wie ist die Mischung aus Rationalität und Emotionalität in Seiner göttlichen Liebe?

3. Ist Eli in der Liebe den anderen Göttern gleich oder ist Seine Liebe größer bzw. die größte?

These 5: Eli lebt an einem bestimmten Ort im Universum inmitten einer von Ihm gestalteten celestialen Zivilisation.

Offene Fragen:
1. In welcher Galaxie ist das Gestirn, von dem aus Eli das Universum regiert?
2. Welches sind die naturwissenschaftlichen Merkmale dieses Gestirns?
3. In welchem Maße ist die himmlische Zivilisation hierarchisch gegliedert?
4. Gilt die Offenheit der Privatsphäre nur von oben nach unten oder auch von unten nach oben?
5. Welche Rolle spielen Sexualität, Ehe und Familie in dieser Zivilisation?
5. Ist die himmlische Zivilisation ein „stationäres System"[3]?

These 6: Eli hat sich die Unsterblichkeit und das Ewige Leben selbst erarbeitet.

---

[3] Dies ist eine in der Ökonomie diskutierte Modellvorstellung einer Welt ohne Wachstum und Schrumpfung. Die ablaufenden Prozesse sind zirkulär. Eli sagt an einer Stelle sinngemäß: Mein Weg ist eine Ewige Runde. Dies deutet den stationären Charakter seiner zentralen Zivilisation an. Das Konzept von der Ewigen Vermehrung, das die Heiligen der Letzten Tage lehren, könnte sich auf das Universum beziehen.

These 7: Eli hat in unserem Universum viele Zivilisationen gestaltet.

Offene Fragen

1. Wie groß ist die Tragweite, des von Jesus Christus in Jerusalem erbrachten Sühnopfers: Bezieht es sich nur auf die Menschen, die jemals über unsere Erde gegangen sein werden oder betrifft es auch die Wesen in den anderen Schöpfungen?

2. Welche Stellung hat unsere Erde innerhalb aller Schöpfungen Elis: Ist sie eine von unzählig vielen oder spielt sie eine zentralere Rolle?

These 8. Elis Schöpfungen ähneln der Urevolution, sind aber gesteuert und zeitlich gerafft.

Offene Fragen:

1. Was war vor der Entstehung des Universums?

2. Wie kam Intelligenz ins Spiel, von der offenbart ist, dass sie nicht geschaffen werden kann?

3. Ist Liebe als Charaktereigenschaft untrennbar mit Intelligenz verbunden?

4. Ist auch das Böse an sich eine Form von Intelligenz oder das Gegenteil davon?

These 9. Eli übt Seine Herrschaft im Universum durch die Träger Seines Priestertums aus.

These 10. Eli ist der Urmensch. Wir sind seine Kinder.

Offene Fragen:

1. Wie wurde aus dem ersten Menschen der erste Gott?

2. Tragen alle oder nur eine begrenzte Anzahl der Kinder Gottes die Erbanlage zum Gottestum?

These 11. Jesus Christus ist der Sohn Elis in geistiger und leiblicher Hinsicht.

Offene Fragen

1. Auf welche Weise werden Kinder geistig gezeugt und geboren?

2. Welche Rolle spielt Jesus Christus bei der Erschaffung der Welten, die vor unserer Erde entstanden?

3. Ist es angebracht, die Empfängnis Marias als „unbefleckt" zu bezeichnen?

These 12. Jesus Christus ist unter der Leitung Elis der Gott dieser Erde.

These 13. Jesus Christus hat an der ersten Form dieser Erde mit gestaltet und spielt die zentrale Rolle bei ihrer Vollendung.

These 14. Jesus Christus ist die gleiche Person wie Jehovah (Jahweh)).

Offene Fragen
1. War es Jesus Christus, der mit Jakob gerungen hat?
2. War es Jesus Christus, der die 10 Gebote gegeben hat?
3. Sind die Prophezeiungen über den Messias vom Vater und/oder vom Heiligen Geist inspiriert worden?

These 15. Jesus Christus hat für die Sünden aller Menschen gesühnt.

Offene Fragen
1. Musste der ursprüngliche Plan für diese Erde geändert werden, nachdem Luzifer rebelliert hatte und mit seinen Scharen verbannt wurde?
2. Ist das Sühnopfer Jesu Christi nur für die Menschen dieser Erde wirksam oder auch für die Geschöpfe aller anderen Welten?

These 16. Der Glaube an Jesus Christus ermöglicht Ewiges Leben

These 17. Der Heilige Geist hat einen Geistkörper im Ebenbild Gottes

i
Offene Fragen
1. Welche Rolle hat der Heilige Geist in der vorirdischen Welt (=Präexistenz) gespielt?[4]

---

[4] Alle Seelen, die jemals über unsere Erde gegangen sein werden, sind buchstäblich geistig gezeugte Söhne und Töchter Gottes und haben als solche schon in einer vorirdischen Geisterwelt existiert.

2. Steht der Heilige Geist auf der gleichen Ebene wie Jesus Christus in der Hierarchie unterhalb des Vaters?

3. Ist das Geschlecht des Heiligen Geistes männlich oder weiblich?

3. Wird der Heilige Geist im Tausendjährigen Reich auf der Erde sein und Ehe und Familie haben?

These 18. Der Heilige Geist „bemuttert" die Heiligen.

Offene Fragen

1. Hat jeder Mensch mindestens einen Schutzengel oder ist dies ein besonderes Vorrecht der Mitglieder der Kirche Jesu Christi?

2. Kann der Heilige Geist Ausnahmen oder Kompromisse bei der Anwendung der Gesetze Gottes eingeben?

3. Wie ist die Arbeitsteilung zwischen Vater, Sohn und Heiligem Geist beim Wirken von Wundern: Werden sie alle oder wird nur ein Teil durch die Macht des Heiligen Geistes erzeugt?

4. Spielt die Macht des Heiligen Geistes auch bei Zerstörungen eine Rolle?

These 19. Luzifer ist ein geistiger Sohn Elis, hat gegen seinen Vater rebelliert und wurde aus der himmlischen Zivilisation verbannt.

Offene Fragen

1. Hat der Plan von Jesus Christus die Existenz des Bösen als Wahlalternative impliziert und wenn ja, wer sollte das Böse repräsentieren, da ja Luzifer zu dem Zeitpunkt noch nicht gefallen war?

2. Hat der Plan von Jesus Christus den Garten Eden und den Fall von Adam und Eva als Phase enthalten?

3. Mit welchen Mitteln wurde der Krieg in der Welt der Geister geführt?

4. Wird Satan und seinen Teufeln noch eine Chance gegeben, sich mit Eli zu versöhnen?

These. Satan und seine Teufel haben keinen Körper aus Fleisch und Bein, können aber unter bestimmten Bedingungen in solche Körper eindringen.

Offene Fragen

1. Unter welchen Bedingungen wird es bösen Geistern von Gott erlaubt, in einen Menschen einzudringen bzw. in ihm dauerhaft Wohnung zu nehmen?

2. Ist dies auch bei Kindern unter 8 Jahren schon geschehen und wenn ja, aus welchem Grund?

3. Können böse Geister rein medikamentös dauerhaft aus einem Menschen vertrieben werden?

These 21. Satan und seine Teufel sind unzerstörbare geistige Wesen.

These 22. Satan und seine Heerscharen bewirken das Böse auf dieser Erde solange und soweit es ihnen von Eli erlaubt ist.

Offene Fragen:

1. Sind alle Geister, die sich in der vorirdischen Welt gegen Gott entschieden hatten, auf dieser Erde im Einsatz?

2. Kann man den bösen Geistern Intelligenz zusprechen oder nur solche Eigenschaften wie Zielstrebigkeit, Raffinesse, Hass, Grausamkeit usw.?

3. Worin bestehen die Grenzen, die Eli dem Wirken der bösen Geister gesetzt hat?

These 23. Es gibt viele Götter, aber nur Eli darf angebetet werden.

Offene Fragen

1. Was ist genau das gemeinsame Merkmal aller Wesen in der Hierarchie der Götter?

2. Welche Rolle spielen Frauen in der Hierarchie der Götter? Haben sie den Status von Göttinnen? In welcher Hinsicht sind sie den Göttern gleich, in welcher nicht?

These 24. Das Gottestum ist jedem Menschen als Erbe angeboten.

Offene Fragen

1. Sind die bösen Geister alle unwiderruflich in obigem Sinn enterbt?

2. Wann hat Jesus Christus sein Gottestum als Erbe erhalten: Schon in der vorirdischen Welt, bei Seiner Geburt, nach Seinem Sühnopfer oder erst nach Seiner Auferstehung?

3. In wie weit prägt der Geist der Liebe auch das Dasein in den terrestrialen und telestialen Welten?

These 25. Die Geschichte der Menschheit ist ein unter Leitung von Eli entworfenes Drama, in dem jeder Schauspieler sich selbst spielt, ohne seine Rolle vollständig zu kennen.

Offene Frage

1.Gibt es im Judentum und im Islam die Sitte, dass der Vater seinen Kindern spätestens auf dem Sterbebett einen väterlichen Segen erteilt?

These 26. Der Fall Adams, das erste und zweite Kommen Christi und das Jüngste Gericht sind die zentralen Ereignisse der Geschichte der Menschheit.

These 27. Jehovah hat unter der Leitung von Eli die Geschichte der Menschheit durch Offenbarungsschübe und persönliche Eingriffe gesteuert.

Offene Fragen

1.In wie weit ist es historisch sinnvoll, die beiden Weltkriege des 20. Jahrhunderts als eine Einheit zu betrachten? Zu welchen historischen Einsichten kann man dadurch gelangen?

2. Welche nachhaltigen globalen Änderungen in weltanschaulicher, kultureller, gesellschaftlicher (inkl. demographischer), politischer und wirtschaftlicher Hinsicht haben zwischen 1914 und 1950 stattgefunden?

3. Wie viel Zeit hätten diese Änderungen vermutlich beansprucht bzw. hätten sie überhaupt stattgefunden, wenn es die kriegsbedingten Umwälzungen nicht gegeben hätte. (Mir ist klar, dass diese Frage sehr hypothetisch gestellt und einer wissenschaftlichen Analyse nur schwer zugänglich ist.)

These 28. Aus der Sicht Gottes ist die Menschheitsgeschichte geprägt durch den Wechsel von Abfall und Wiederherstellung.

Offene Fragen

1. Wann und wie hat der von Paulus prophezeite Abfall vom Glauben stattgefunden?

2. Wie und in welchem Umfang blieben nach dem Tod der Apostel deren priesterliche Vollmacht erhalten?

3. War die Kirche an ihrer Wurzel schon dekadent, als sie im Römischen Reich zur Staatsreligion erhoben wurde?

4. Hat die römisch-katholische Kirche die apostolische Vollmacht empfangen und wenn ja, konnte sie sie bewahren trotz politischer Verflechtungen, Korruption, Inquisition und solcher Praktiken wie der Ablassregelung, die Luther mit Recht gebrandmarkt hat?[5]

5. Wie haben wir die diversen Abspaltungen von der Katholischen Kirche im Hinblick auf Bewahrung von Vollmacht und Lehre zu beurteilen?

6. Konnte Gott das Konglomerat christlicher Strömungen, das zu Beginn des 19. Jahrhunderts bestand, als „Seine Kirche" betrachten oder war eine der vielen Kirchen „Seine Kirche"?

These 29. Im letzten Jahrtausend wird Christus über die Erde präsidieren und sein Volk zur Vollkommenheit führen.

---

[5] Prinzipiell halte ich dies für möglich, da ja auch das alte Israel zeitweise abgefallen und untreu war, ohne dabei die priesterliche Vollmacht zu verlieren. Der schlechte Zustand Seiner Kirche ist noch kein zwingender Grund für den Herrn, Seine Vollmacht zurückzuziehen. Es könnte aber sein, dass Er sie über den Tod des letzten Apostels gar nicht auf der Erde lassen wollte, sonst hätte Er dafür gesorgt, dass das Kollegium der Zwölf Apostel erhalten bleibt.

Offene Fragen

1. Welche Ausdehnung hat das Alte Jerusalem im Millenium?

2. Wie viele und welche Völker werden während des Milleniums außerhalb der beiden Jerusalems leben?

3. In welchem geistig-materiellen Zustand werden diese Zivilisationen sein? Welche Weltanschauungen werden dort gepflegt?

4. Welche kulturell-wirtschaftlich-politischen Beziehungen werden zwischen den Heiligen Städten und dem viel größeren übrigen Teil der Erde bestehen?

5. Auf welche Weise wird Jesus Christus Einfluss auf die Völker außerhalb der beiden Jerusalems nehmen?

6. Werden alle Bewohner der Heiligen Zivilisationen unsterblich sein?

7. Werden die unsterblichen Seelen im Millenium noch einen Lernprozess hin zum Ewigen Leben durchlaufen?

8. Wird es im Millenium in- und/oder außerhalb der Heiligen Städte noch Vermehrung geben?

9. Wird es im Neuen und Alten Jerusalem Märkte geben und wenn ja, wie werden sie funktionieren, um nicht gegen das Gesetz der Liebe zu verstoßen?

These 30. Am Ende des Milleniums erfolgt die Entfesselung und Wiederbindung des Widersachers, das Jüngste Gericht und die Umwandlung der Erde.

Offene Fragen

1. Wie entwickeln sich die Völker außerhalb von Zion während des Milleniums?

2. Wird der letzte große Krieg nur mit geistigen Waffen oder auch mit materiellen geführt?

3. Wird Satan bei dem Letzten Gericht noch als Ankläger auftreten?

B) Was ist Wahrheit und wie finde ich sie?
Zur Erkenntnistheorie

These 1: Wahrheit ist die Eigenheit eines Bildes von Etwas, das Sein desselben bestmöglich im Hinblick auf ein bestimmtes Ziel darzustellen.

These 2: Jede Sprache erzeugt und begrenzt die Möglichkeiten wahre Darstellungen der Wirklichkeit zu erzeugen.

Offene Fragen

1. Welcher Zusammenhang besteht zwischen individueller Sprachdynamik und Intelligenz?

2. Welche Sprachmerkmale begünstigen bzw. erschweren den Wissenserwerb?

3. Nach neuer Offenbarung hatte Adam eine besonders „reine Sprache". Wodurch war sie gekennzeichnet?

These 3. Die Verbesserung des Wissensstandes setzt in vielen Fällen eine Verbesserung der Sprache voraus.

These 4. Das Wissen eines Menschen ist umso größer je besser die Wirklichkeit in seinem Geist abgebildet ist.

These 5. „Wissen kann durch Kommunikation oder Forschung erlangt werden.

These 6. Alles Wissen, das je auf dieser Erde vorhanden sein wird, bestand im Universum schon vor Entstehung des Planeten.

Offene Fragen

1. Ein erheblicher Teil des Wissens ist nur von vorübergehender Bedeutung in der Menschheitsgeschichte. War dieses temporär relevante Wissen auch schon gespeichert, bevor die Erde entstand?

2. Welche Rolle haben gute Geister bei der Erfindung der Atombombe gespielt?

These 7. Die bisher erarbeiteten Forschungsmethoden reichen nicht aus, um alles lebensnotwendige Wissen zu erzeugen.

These 8. Göttliche Offenbarung ist die Form der Kommunikation mit den größten Chancen und Risiken.

These 9. Eli hat jedem Menschen die bedingte Verheißung persönlicher Offenbarung gegeben.

These 10. Die vollkommene Erkenntnis von etwas setzt die intelligenzmäßige Überlegenheit des Erkennenden über das Erkannte, zumindest aber seine intelligenzmäßige Gleichheit

C) Der Kegel des Wissens
Zur Wissenschaftstheorie

These 1. Jedes Phänomen ist im Prinzip Gegenstand einer Wissenschaft.

These 2. Wie eng der Wissenschaftsbegriff gefasst wird, hängt von den Ansprüchen ab, die man an Methoden und Ergebnisse von Wissenschaft stellt.

These 3. Das System der Wissenschaften kann als expandierender Kegel veranschaulicht werden.

These 4. Im Kegel der Wissenschaften bildet die Philosophie den Spitzenkegel.

Vorschlag

Es wäre wünschenswert, wenn Forschungsinstitute, wissenschaftliche Zeitschriften und renommierte Wissenschaftler aller Disziplinen auf ihrer Homepage ein Leitbild mitteilen würden, in dem sie ihr philosophisches Profil offenlegen, wozu die nicht weiter hinterfragten Grundlagen ihrer Forschung gehören. Auf diese Weise würde die Komsistenz des Kegels der Wissenschaften von der Basis bis zur Spitze gefördert.

These 5. Die Theologie ist die Wissenschaft mit dem größten Potential, andere Wissenschaften zu beeinflussen.

Offene Frage
Wie hoch ist der relative Einfluss der Weltreligionen auf die globale wissenschaftliche Entwicklung durch die Jahrtausende?

D) Geist und Materie
Grundlegendes zu einer Theorie des Geistes[6]

These 1. Geist ist der kleinste Baustein der Materie.

Offene Fragen
1. Gibt es verschiedene Arten von Geistelementen mit verschiedenen Funktionen, verschiedener Größe, Struktur usw.?
2. Können Geistelemente als Teilchen und/oder Wellen auftreten?
3. Welche Beziehung besteht zwischen Geistelementen und Licht?
4. Lässt sich das Phänomen Aura naturwissenschaftlich nachweisen und wie kommt es zustande?

These 2. Geist ist in allen bisher nachgewiesenen Bausteinen der Materie enthalten.

---

[6] Ich nenne diesen Bereich bewusst nicht „Geisteswissenschaft", weil man darunter üblicherweise Philosophie, Literaturwissenschaft usw. versteht. Wie gleich die erste These zeigen wird, hat Geist für mich durchaus eine naturwissenschaftliche Dimension.

Offene Fragen:

1. Vorausgesetzt, in den Teilchen der grobstofflichen Materie ist tatsächlich mindestens ein Geistelement enthalten: Wie ist es verankert?

2. Wie ist es informationell mit dem grobstofflichen Teilchen verbunden, in dem es sich befindet?

3. Wie ist es informationell mit den Geistelementen der anderen grobstofflichen Teilchen verbunden?

These 3. Geistelemente haben den Charakter eines Mikrochips.

Offene Fragen

1. Sind naturwissenschaftliche Beobachtungsinstrumente denkbar, um Geistelemente sichtbar zu machen oder ist dies per se ausgeschlossen?[7]

2. Gibt es Analogien zwischen der Vielfalt von Körperzellen und der Vielfalt von Geistelementen?

3. Nach Joseph Smith (s. o.) kann ein reiner Geistkörper auch andere Geistkörper „sinnlich" wahrnehmen. Kann er auch Geistelemente identifizieren?

These 4. Es gibt mindestens zwei Arten von Geistelementen

Offene Fragen

1. Gibt es Zusammenhänge zwischen positiver und negativer elektrischer Ladung und hellen und dunklen Geistelementen?

---

[7] Beispielsweise deshalb, weil Grobstoffliches Feinstoffliches möglicherweise niemals abbilden kann, wie Joseph Smith in obigem Zitat nahe gelegt hat.

2. Welche Rolle spielen die Arten von Geistelemente bei der Auffaltung des Lichts in das Farbenspektrum?

3. Was ist mit der dunklen Wolke geschehen, die Joseph Smith umgab: Wurde sie vertrieben, aufgelöst oder umgewandelt?

4. Gibt es einen Zusammenhang zwischen den dunklen Geistelementen und der sog. dunklen Materie, die den größeren Teil der Materie des Universums ausmacht?

5. Gibt es einen Zusammenhang zwischen dunklen Geistelementen und den schwarzen Löchern im Universum?

These 5. Geistelemente können zu Geistkörpern organisiert werden.

Offene Fragen

1. Wie wurde unser Geistkörper, d. h. unsere Seele, geschaffen?

2. Hat es in der vorirdischen Welt eine Entwicklung unserer Seele gegeben und wenn ja, wie wurde sie bewirkt, was hat sie für Veränderungen herbeigeführt?

3. Auf welche Weise sind die Elemente unseres Geistkörpers miteinander verbunden?

4. Hat unser Geistkörper eine bestimmte Zahl von Elementen so wie unser grobstofflicher Körper eine bestimmte Zahl von Zellen hat?

These 6. Geistkörper können frei oder an grobstoffliche Körper gebunden sein.

These 7. Freie Geistkörper können sich in festen, flüssigen und gasförmigen Substanzen bewegen.

E) Geraffte und gesteuerte Evolution
Zur Kosmologie

These 1. Das Grundprinzip unseres Universums ist die Liebe Gottes.[8]

Offene Fragen

1. Sind alle Seelen in den celestialen Welten vollkommen in der Liebe oder gibt es Abstufungen?
2. Welche Rolle spielt die Liebe in den terrestrialen und den telestialen Welten?
3. Gibt es in der Seele Satans bzw. eines Teufels ein Fünkchen Liebe?
4. Sind die Reiche des Dunkels abgeschottet gegen die Liebe Gottes oder vermag sie einzudringen?

These 2. Im Universum gibt es eine große Zahl unterschiedlicher Zivilisationen.

Offene Fragen

1. Wie viele Geburten hat es global unter Zugrundelegung der jüdischen Zeitrechnung seit dem Jahre 0 gegeben?
2. Besteht ein Zusammenhang zwischen der „äußeren Finsterns" der Heiligen Schrift und dunkler Materie bzw. schwarzen Löchern?
3. Wodurch unterscheidet sich die Struktur dunkler Materie von ihrem Gegenteil, der „hellen Materie", die wir durch unsere Teleskope beobachten können?

---

[8] Vgl. dazu Thea und Bruno Johannsson: Die letzten Fragen. Philosophische Dialoge. Unveröffentlichtes Manuskript,

These 3. Im Universum gibt bzw. gab es eine Urerde, auf der Leben durch volle Evolution entstanden ist.

Offene Fragen

1. Wie ist das Universum entstanden, was war vor seiner Entstehung?

2. Wie ist Leben in unserem Universum entstanden?

3. Warum hat auch unsere Erde die Spuren einer Evolution, wenn sie doch einem Planeten nachgebildet wurde, der die Evolution schon durchlaufen hat. Warum auf der Neuschöpfung die verschiedenen Entwicklungsstadien nachbilden?

These 4. Unsere Erde ist eine Kopie von im Universum bereits vorhandenen Planeten.

These 5. Vor der Entstehung der natürlichen Strukturen der Erde bestanden bereits die entsprechenden geistigen Strukturen.

These 6. Unsere Erde ist als eine Mischung aus göttlicher Intervention und natürlicher Evolution entstanden.

Offene Fragen

1. Welche Gesetzmäßigkeiten hat Gott im Universum vorgefunden, welche hat Er selbst geändert bzw. aufgestellt?

2. Wie passt der Schöpfungsbericht der Bibel zeitlich und inhaltlich zum Stand der Forschung? Wo liegen Unvereinbarkeiten, wo Kompatibilitäten?

3. Wie verändern kosmische oder terrestrische Naturkatastrophen und Klimaänderungen die Bedingungen für die

Altersbestimmung von Fossilien und anderen Funden? Könnte es hier Brenn- oder Gefrierprozesse mit extremen Temperaturen geben, die die Altersschätzungen verzerren oder gar unmöglich machen?

These 7. Unsere Erde ist dazu bestimmt, ein celestiales System zu werden.

Offene Fragen

1. Wird die Erde nach ihrer Erhöhung in ihrem gegenwärtigen Sonnensystem verbleiben und was geschieht mit letzterem bei der Umwandlung der Erde?[9]

2. Welche physikalisch-chemisch-biologischen Eigenschaften wird der celestiale Raumsektor Erde in seiner Gesamtheit haben?

3. Wird der celestiale Raumsektor Erde unsterblich in dem Sinn sein, dass er nicht wie so viele Systeme des Universums vergehen wird?

---

[9] Interessant ist, dass Dante in seiner Göttlichen Komödie seine zehn Abstufungen der himmlischen Welt – bei ihm etwas unscharf „paradiso" im Gegensatz zu „inferno" und „purgatorio" genannt – mit den Planeten des Sonnensystems verknüpft. Dies dürfte mehr seiner Fantasie als einer Offenbarung entsprungen sein. So viel ich weiß, erhebt er auch nicht den Anspruch auf göttliche Inspiration bei seinem ansonsten literarisch bedeutsamen Werk. (Vgl. Dante Alighieri (ca. 1320/2011): Die Göttliche Komödie, Insel Taschenbuch 4504, Insel Verlag, Berlin)

F) Hochentwickelter Affe oder Kind Elis?
Zur Anthropologie

These 1. Jeder sterbliche Mensch nach Adam ist ein duales Wesen.

Offene Fragen

1. In wie weit treffen die obigen Ausführungen auch auf die menschenähnlichen Wesen zu, die nicht von Adam abstammen?

2. In wie weit treffen die obigen Ausführungen auf Tiere zu?

2. Wie ändert sich das Leib-Seele-Verhältnis im Verlauf eines Lebens? Was bedeutet in diesem Zusammenhang „Erwachsensein"?

3. Wie beeinflussen Süchte, Krankheiten usw. das Leib-Seele-Verhältnis?

4. Welchen Einfluss haben Alkohol, leichte und schwere Drogen, Psychopharmaka auf das Leib-Seele-Verhältnis?

These 2. Der sterbliche Mensch ist eine Karikatur seiner ewigen Identität.

These 3. Der Mensch ist ein mikrokosmisches Abbild einer Volkswirtschaft.

Offene Frage

1. Gibt es ein Ich und wenn ja, wie ist es an das Nervensystem angebunden?

2. Wie laufen die wechselseitigen Einflüsse von Seele und Leib ab und welche Rolle spielt das Ich dabei?

These 4. Die subjektiv empfundene Freiheit beruht auf einem Mangel an Selbsterkenntnis.

These 5. Jedes Menschenleben ist ein Drama, dessen Hauptdarsteller seine Rolle nicht kennt.

G) Ein Staat en Miniature
Zu Psychologie und Medizin

These 1. In jeder Seele gibt es mindestens zwei „Parteien".[10]

---

[10] Im Volksmund werden hier weniger Gruppierungen als Personen gesehen. So analysieren manche ihr eigenes Verhalten, indem sie es auf den Einfluss des „inneren Schweinhundes" zurückführen. (Vgl. dazu Thea und Bruno Johannsson: Was ist der Mensch. Philosophische Dialoge. 2. Dialog. Unveröffentlichtes Manuskript.) Der innere Schweinehund braucht natürlich auch einen Gegenspieler, der aber selten benannt wird. Meine Frau schlägt als Bezeichnung vor: „Innerer Ehrgeizling". Ein anderes Begriffspaar wäre „Genießer" und „Streber". Man würde z. B. formulieren: Der Streber in mir lässt mir keine Ruhe. Ich muss noch meinen morgigen Auftritt vorbereiten usw." Verweisen möchte ich an dieser Stelle auch auf die Worte, die Goethe dem Faust in den Mund legt: „Zwei Seelen wohnen, ach! in meiner Brust, die eine will sich von der andern trennen; die eine hält, in derber Liebeslust, sich an die Welt mit klammernden Organen; die andre hebt gewaltsam sich vom Dust zu den Gefilden hoher Ahnen."(Vgl. Johann Wolfgang von Goethe a. a. O. S. 41, Zeilen 112-117). Goethe spielt hier sicherlich auf das an, worauf es mir ankommt. Ich würde aber in meinem philosophischen Kontext nicht gern von zwei Seelen sprechen. Der Mensch hat allemal nur eine Seele. Folglich muss es sich um widersprüchli-

These 2. Das Ich ist das Zentralorgan der Seele.

Offene Fragen

1 . Es wäre interessant zu wissen, ob es bei Geisteskranken das Phänomen gibt, dass mehrere Stimmen aus der Person heraus gleichzeitig ertönen oder ob auch im Falle der Mehrfach-Besessenheit alle Laute prinzipiell über das eine Sprachorgan nach außen gegeben werden.

2. Sprachwissenschaftlich wäre es interessant zu prüfen, ob es Sprachen gibt, und wenn ja welche, in denen keine reflexive Beziehung für eine Person ausgedrückt werden kann wie z. B. ‚ich bin mir bewusst' oder ‚ich fühle mich wohl' oder „ich muss mich zusammenreißen".

3. Wo liegen die Gemeinsamkeiten und Unterschiede zwischen meinen Ausführungen und dem Konzept vom „Es", „Ich" und „Über-Ich", wie es Sigmund Freud und seine Nachfolger vertreten haben?

These 3. Vollkommenheit verlangt die Bereitschaft auf Gesundheit und Leben zu verzichten.

These 4. Ganzheitliche und nachhaltige Hilfe muss den Wechselbeziehungen zwischen den Emanationen des Individuums Rechnung tragen und sein Ich stärken.

Vorschläge

1. Weiterentwicklung des Berufsbildes Lebensberater. Bei der Ausbildung sollten außer in Psychologie, Psychotherapie und Beziehungstherapie auch Grundkenntnisse in Psychosomatik und Mikroökonomie vermittelt werden.

---

che Neigungen innerhalb der einen Seele handeln, in diesem Fall der Seele von Faust.

2 .Es wäre zu prüfen, ob bei bestimmten Indikationen die Krankenkassen eine ganzheitliche Lebensberatung finanziell unterstützen könnten.

3. Es wäre zu prüfen, in wie weit man die Qualifikation der Berater bei den Arbeitsagenturen in Richtung ganzheitliche Beratung erweitern könnte bzw. müsste.

4.Stärkere Einbindung ganzheitlicher Lebensberatung in das Bildungssystem (Grund- und Mittelschulen, Gymnasien, Berufsschulen, Universitäten, Volkshochschulen usw.).

5. Überprüfung der Lehrpläne der staatlichen Schulen im Hinblick auf ihren ganzheitlichen Ansatz, um evtl. von Schulmodellen wie denen der Waldorfschulen zu lernen.

H) Was ist zu tun?
Zur Ethik

These 1. Gut ist, was in einer bestimmten Situation dem Willen Gottes entspricht.

These 2. Jede Tat, die die Bedingungen der umfassenden Liebe erfüllt, ist gut.

Offene Fragen

1. Ist eine Handlung schon dann gut, wenn sie aus Nächstenliebe geschieht ohne Rücksicht auf die Eigenliebe?

2. Ist das Ergebnis einer Handlung optimal für alle Beteiligten - evtl. sogar für das Gemeinwesen - wenn sie der Eigenliebe, der Nächstenliebe und der Goldenen Regel genügt?

3. Unter welchen Bedingungen ist das dreidimensionale Liebesgebot eine Maxime, die mit dem kategorischen Imperativ von Kant kompatibel ist?

These 3. Die Gebote Gottes überbrücken die Defizite des jeweiligen Standes der Wissenschaft.

These 4. Die Gebote Gottes sind wie Sterne in der Nacht auf dem Weg zum höchsten Gipfel.

These 5. Die Liebe ist die Mutter aller anderen Tugenden.

These 6. Familienbande können Himmelsbande sein.

Offene Fragen

1. Inwiefern stellt der Übergang von sporadischen gleichgeschlechtlichen Beziehungen mit wechselnden Partnern zu einer dauerhaften Bindung an einen gleichgeschlechtlichen Partner einen ethischen Fortschritt dar?

2. Öffnet eine Sublimierung der Sexualität im Sinne Platons das Tor zu mehr Liebe in der Sexualität?

3. Was unterscheidet in psycho-physischer Hinsicht eine von Liebe geprägte Sexualität von einer Sexualität, die den körperlichen und geistigen Trieben freien Lauf lässt?

4. Ist es möglich als Partner von der reinen Christusliebe erfüllt zu sein und trotzdem die sexuelle Spannung zu erleben, die den Geschlechtsverkehr ermöglicht?

These 7. Wer sich einfach gehen lässt, kann leicht in eine Falle tappen.

Offene Frage

1. Gibt es sinnvolle Entspannungsmöglichkeiten einerseits und gefährliche andererseits oder ist alles, was Spaß macht, gleich gefährlich, indem es zu Sucht bzw. Einseitigkeit führen kann?[11]

These 8. Der Königsweg ist ein schmaler Pfad durch Täler der Demut zu Gipfeln der Freude.

These 9. Auch über den Wolken ist die Freiheit nicht grenzenlos.

Offene Frage

1. Kann man von Gesetz und Gehorsam sprechen, wenn gar keine Freiheit mehr besteht, aus dem Gesetz heraus zu fallen und wenn die Seele im Gesetz versiegelt ist?

These 10. Jedem seine Welt!

Offene Fragen

1. Wie groß soll bei der häuslichen und schulischen Erziehung bzw. Bildung die Freiheit von Kindern und Jugendlichen bei der Wahl ihrer Weltanschauung bemessen sein? Wie soll das Maß an Freiheit den verschiedenen Altersstufen angepasst werden?

---

[11] Das ist eine Frage, die mir Thea Johannsson nahegelegt hat und die ich ein wenig umformuliert habe.

2. Gibt es elterliche Eingriffe in die geistige Entwicklung ihrer Kinder, die per Gesetz verboten werden sollten?

Vorschlag

Kinder ab dem 7. Lebensjahr und Jugendliche bis zum Jahr ihrer Religionsmündigkeit sollten mehrfach die Gelegenheit erhalten, sich einen Überblick über sämtliche Weltanschauungen zu verschaffen. Dies kann durch schulische Projekte oder öffentliche Weltanschauungsmessen geschehen. Evtl. könnten in größeren Städten Dauerausstellungen für alle Weltanschauungen eingerichtet werden, die sich präsentieren möchten.

I) Raum, Zeit und alles, was darin ist.
Zur Totologie[12]

These 1. Der Garten Eden kann als Modell einer geschlossenen, statischen und harmonischen Zivilisation dienen.

These 2. Der Grad der Harmonie in einer Zivilisation hängt in hohem Maße vom Verhältnis der in ihr aktiven Weltanschauungen ab.

---

[12] Da mir kein vergleichbarer Ansatz bekannt ist, schlage ich diesen Begriff vor für eine Analysemethode, bei der der gesamte Inhalt eines Raum-Zeit-Sektors (lat. Totum) zum Gegenstand gemacht wird. Wenn in diesem Sektor mindestens ein menschliches Wesen lebt, spreche ich von Zivilisation. Was dies genau bedeutet, sollen insbesondere die nächsten 4 Thesen erläutern. Aber auch die danach folgenden Thesen werden sich indirekt diesen Ansatz zunutze machen. Eine Annäherung an dieses Konzept stellt jede umfassende historische Analyse dar.

These 3. Pluralismus und Multikultur sind Eckpfeiler gelebter geistiger Freiheit.

Offene Fragen

1. Welcher Zusammenhang soll in einer Zivilisation zwischen der Größe einer Mehrheit bzw. Minderheit und ihren gesellschaftlichen Rechten und Pflichten hergestellt werden?

2. Welche Fragen sind für die Identität einer Zivilisation so kritisch, dass ihre Entscheidung Gegenstand einer Volksabstimmung sein sollte? (Beispiel: Begrenzung der Zuwanderung in der Schweiz)

3. Wieviel Freiheit den Feinden der Freiheit?

Vorschlag

Die Belästigung, Verfolgung, Inhaftierung oder gar Tötung von Personen, die sich von einer Weltanschauung abwenden, sollte in der UN-Charta explizit verankert und mit den Mitteln der UNO weltweit durchgesetzt werden.

These 4. Im Wettbewerb der Weltanschauungen sollten sich die staatlichen Instanzen neutral verhalten.

Offene Fragen

1. Wodurch müsste das Menschenrecht der Meinungs- und Religionsfreiheit spezifiziert werden, damit sich das echte Spektrum der Anhängerschaften der Ideologien weltweit tendenziell einstellt?

2. Wie hoch wäre nach wissenschaftlicher Schätzung das Beitragsaufkommen der Mitglieder der evangelischen und katholischen Kirche in Deutschland (2012 ca. 10 Mrd. €), wenn die Mitglieder ihre Beiträge in eigener Initiative und

ohne steuerlichen Automatismus und staatlichen Zwang entrichten würden?

3. Welche Erkenntnisse und Konzepte der ökonomischen Wettbewerbstheorie könnten für den Wettbewerb der Weltanschauungen Anwendung finden?

Vorschläge

1 .Eine intensivere, sachlichere und faire Kommunikation der Weltanschauungen auf lokaler, regionaler, nationaler und globaler Ebene („weltanschauliche Zusammensetzung") wäre wünschenswert, um Schnitt- und Differenzmengen der Überzeugungen für alle nachvollziehbar zu ermitteln.

2. Staatlich eingezogene Kirchensteuer ersatzlos streichen! Stattdessen evtl. gleichmäßige Förderung sozialer Initiativen wie dies z. B. bei den privaten Schulen – wohl noch ungenügend – geschieht.

J) Was zieht uns hinan?
Zu Ästhetik und Kulturphilosophie

These 1. Die Vielfalt der Kulturen beruht auf einem breiten Spektrum ästhetischer Neigungen, die teilweise weltanschaulich geprägt sind.

Offene Fragen

1. Lassen sich Gesetzmäßigkeiten über den Zusammenhang von erkenntnistheoretischen, ethischen und ästhetischen Urteilen der Subjekte nachweisen?

2. Hat es in den letzten Jahrzehnten Summa Summarum eine Stärkung oder eine Schwächung der globalen kulturellen Identität gegeben?

These 2. Das klassische Ideal der Schönheit wird die Kultur des Neuen Jerusalem prägen.

K) Der globale Königsweg
Zu Ökonomie und Politologie

These 1. Ein Mehr an Gütern ist mitunter ein Weniger an Wohlfahrt.

These 2. Die suggestiv-emotionalen Teile der Produktwerbung sind ethisch bedenklich.

Offene Fragen

1. Welcher statistische Zusammenhang besteht zwischen Einkommen bzw. Vermögen von Individuen einerseits und dem Auftreten von Suchtstrukturen andererseits?

2. Wie sieht die volkswirtschaftliche Nutzen-Kosten-Analyse emotional-suggestiver Werbung aus?

Vorschläge

1. Verbot kommerzieller Werbung im öffentlichen Bereich, d. h. an Straßen, Plätzen usw.

2. Verbot von Werbung innerhalb einzelner Fernsehsendungen und unmittelbar vor und nach Kindersendungen.

These 3. Eine funktionierende Erwerbsarbeits-Freizeit-Schaukel kann erhebliche Wohlfahrtssteigerungen bewirken.

Offene Fragen

1. Wie viele Menschen weltweit müssen einen nachhaltig unangemessen negativen Einfluss von ihrer Erwerbsarbeit auf ihre Freizeit verkraften und wie kommt dieser Einfluss zustande?

2. Wie viele Menschen fühlen sich ausgesprochen wohl an ihrem Arbeitsplatz und aus welchen Gründen?

3. Worin bestehen nach Auffassung von Erwerbstätigen auf allen Ebenen (inkl. der Chefs und Manager) die Arbeitsbedingungen, bei denen sie eine optimale Kombination aus Produktivität und Wohlbefinden realisieren?

Vorschläge

1. Aktives Mobbing und Bossing im Betrieb – egal auf welcher Organisationsebene – sollte als Kündigungs- und Beschwerdegrund in den Arbeitsgesetzen verankert sein.

2. Zu überlegen ist, ob Bossing, Mobbing und Duldung solcher Verhaltensweisen durch den zuständigen Vorgesetzten nicht zu einem Straftatbestand erhoben und mit Strafen belegt werden sollten, z. B. je nach Schwere des Falls mit einer Geldbuße von ein oder mehreren Monatsgehältern. Um die Arbeitsgerichte nicht zu überlasten, könnten in größeren Betrieben als Teil der Mitbestimmung Schiedsgerichte etabliert werden.

These 4. Die Wohlfahrt der Nationen kann allein durch Umverteilungsprozesse dramatisch gesteigert werden.

Offene Fragen

1. Welche Teile der Smith'schen Theorie haben sich in den vergangenen beiden Jahrhunderten empirisch bewährt, welche wurden eher widerlegt bzw. in Frage gestellt?

2. In welchem Umfang hat Adam Smith die ökonomische Forschung in der Weise befruchtet, dass auf seinen Grundlagen Theorien entwickelt wurden, die Voraussagekraft hatten und noch haben?

3. Wie hoch ist weltweit und jährlich der Wert weggeworfener, noch nutzbarer Nahrungsmittel? Wie viele Menschen könnten mit diesem Geldbetrag ein Jahr lang vor dem Hungertod gerettet werden?

4. Welche Rolle spielt Korruption in den dreißig ärmsten Staaten der Erde?

5. Angenommen, man möchte durch eine weltweit einheitliche Steuer ein bestimmtes Aufkommen erzielen, um innerhalb von 10 Jahren den Hungertod auszumerzen: Welche Vor- und Nachteile hat die von mir vorgeschlagene Vergnügungssteuer im Vergleich zu einer Vermögensteuer?[13]

Vorschläge

1. Alle Staaten der Erde reduzieren ihren Verteidigungshaushalt jährlich um 1 % und übertragen die frei werdenden Mittel der zu gründenden UN-Organisation „Schwerter zu Pflugscharen" mit dem Zweck, die landwirtschaftliche Produktion in den Hungergebieten zu fördern.

2. Alle Staaten der Erde erheben eine einheitlich ausgestaltete Vergnügungssteuer von maximal 1 % des Konsumwerts, die von den anbietenden Unternehmen zu entrichten ist. Das Aufkommen dient dem alleinigen Zweck, den akuten Hungertod auf der Erde auszumerzen

---

[13] Diese Frage bedürfte einer sorgfältigen ökonomischen Analyse, die ich hier nicht leisten kann. Die Vergnügungssteuer belastet eine bestimmte Gruppe von Konsumausgaben. Die Vermögensteuer belastet die Vermögenshaltung und bestraft indirekt Sparen und Investieren. Zu dem Thema gibt es eine umfangreiche Fachdiskussion.

These 5. Die globale Beseitigung der Armutssterblichkeit braucht sehr viel höhere Priorität.

Vorschläge

1. Jedes Land mit struktureller Armutssterblichkeit sollte ein bestimmtes reiches Land als Entwicklungspartner erhalten. Dieser koordiniert alle globalen Aktivitäten zugunsten des strukturell schwachen Landes und fundiert sie wissenschaftlich. Ziel ist eine gleichberechtigte und langfristige Partnerschaft in Politik, Wirtschaft und Kultur.

2. Nicht-kommerzielle Organisationen einschließlich der öffentlichen Verwaltung und karitativer Organisation sollten sich ähnlich wie schon zahlreiche Unternehmen einer externen Qualitätskontrolle mit Zertifizierung unterziehen. Dies gilt auch für EU- und UN-Organisationen, insbesondere für die, die für Entwicklungshilfe zuständig sind.

These 6. Selbstbestimmungsrechte auf allen Ebenen bedürfen der Weiterentwicklung.

Offene Fragen

1. Wie fällt ein ganzheitlicher[14] Vergleich der Entwicklung von Norwegen und der Schweiz einerseits und vergleichbaren Mitgliedern der EU andererseits aus, wobei die Finanzmarkt- und Schuldenkrise zu berücksichtigen sind?

2. Welche Wohlfahrtswirkungen hat die Auflösung der Sowjetunion auf die Bevölkerung der dabei entstandenen Staaten inkl. Russlands gehabt?

---

[14] Unter ganzheitlich (=totologisch) verstehe ich einen Vergleich der Wohlfahrt dieser Länder in politischer, sozialer, wirtschaftlicher, wissenschaftlicher und kultureller Hinsicht.

3 .Lässt sich bei der gegenwärtigen politischen Struktur der Erde eine Aussage über den Zusammenhang von Größe einer Makrozivilisation und ihrer (ganzheitlichen) Wohlfahrt machen?

4. Lassen sich historische Aussagen darüber finden, welcher Zusammenhang durch die Jahrtausende zwischen der Größe einer Makrozivilisation und ihrer Wohlfahrt besteht? (Extremes Beispiel: Römisches Reich versus griechische Stadtstaaten.)

5. Wie sieht die ganzheitliche Nutzen-Kosten-Analyse einer Nachholung der Plebiszite zum EU-Beitritt der einzelnen Staaten aus?

Vorschläge

1. Aufnahme in die UN-Charta: Das Gruppen-Menschenrecht jeder Bevölkerung eines Staates, über die Verfassung dieses Staates in einer Volksabstimmung votieren zu dürfen

2. Aufnahme in die UN-Charte: Das Gruppen-Menschenrecht zur Abspaltung von einem Staat bzw. zur Vereinigung mit einem anderen Staat:

a) Wenn z. B. 20 % der Bevölkerung - über den Prozentsatz müsste man sich einigen - eines Territoriums bei einer Unterschriftensammlung für ein Abspaltungs- bzw. Vereinigungs-Referendum plädieren, muss dieses unter UN-Aufsicht durchgeführt werden.

b) Wenn bei dem Referendum z. B. 75 % der Bevölkerung – auch ein anderer Prozentsatz kommt in Frage - für den Vorschlag plädieren, ist dieser innerhalb einer angemessenen Frist umzusetzen

2. Als neue Bestimmung in das Vertragswerk der EU:

a) In allen Staaten der EU, in denen das noch nicht geschehen ist, werden nachträglich Volksabstimmungen über die Zugehörigkeit zur EU durchgeführt.

b) Staaten, deren Bevölkerungen nicht mit der geforderten Mehrheit für den Verbleib in der EU votiert haben, scheiden aus der EU aus.

c) Neue Staaten werden nur in die EU aufgenommen, wenn ihre Bevölkerungen per Volksabstimmung mit einer qualifizierten Mehrheit dafür votiert haben.

3. In Deutschland

a) sollte das Grundgesetz durch eine Verfassung ersetzt werden, die in einer Volksabstimmung eine qualifizierte Mehrheit der Bevölkerung erhält.

b) Bei der Ausarbeitung der Verfassung sollten auch Erfahrungen anderer Staaten, insbesondere der Schweiz, ausgewertet werden.

c) Zu prüfen ist, ob in der neuen Verfassung Plebiszite eine größere Rolle auf allen politischen Ebenen spielen sollten, z. B. auch bei der Wahl des Staatsoberhauptes.

e) Soweit dies noch nicht geschehen ist, sollte in jedem Bundesland die Verfassung im Hinblick auf plebiszitäre Elemente überarbeitet und dann einer Volksabstimmung unterworfen werden.

These 7. Für den internationalen Wettbewerb der Weltanschauungen sollten weltweit faire Regeln aufgestellt und von der UNO durchgesetzt werden.

Vorschläge

1. Ächtung von offensiver militärischer Gewalt außer mit UN-Mandat.

2. Verbot und Verfolgung aller Organisationen, die innenpolitisch Gewalt propagieren, unterstützen, praktizieren.

3. Sanktionen gegenüber Staaten, die bei der Verfolgung solcher Organisationen nicht kooperieren.

4. Ausweitung des Tatbestandes der Menschenrechtsverletzung auf alle weltanschaulich und ethnisch begründeten Gewaltakte.

5. Beendigung aller Diskriminierung aus weltanschaulichen Gründen.

6. Schrittweise Öffnung aller Länder für diejenigen Weltanschauungen, die die obigen Wettbewerbsregeln akzeptieren und ihre Einhaltung unterstützen.

These 8. Marktwirtschaft und Demokratie sind wichtige Übergangsformen auf dem Weg zum Millenium.

Fragen

1. Wie ist die Liberalisierung der chinesischen Wirtschaft unter Beibehaltung des Machtmonopols der kommunistischen Partei wohlfahrtsökonomisch zu beurteilen? Haben breite Bevölkerungsschichten im Hinblick auf ihre Lebensqualität davon profitiert?

2. Welche Erfolge hat die Korruptionsbekämpfung in Demokratien im Vergleich zu totalitären Systemen vorzuweisen, sofern sie in letzteren überhaupt stattfindet? (China wäre z. B. ein totalitäres System, in dem die Korruptionsbekämpfung zumindest offiziell ein Thema ist).

These 9. Demokraten aller Länder vereinigt euch!

Offene Fragen

1. Wie sieht das globale Auf und Ab von Menschenrechten, Multikultur, Pluralismus, Marktwirtschaft und Demokratie seit der französischen Revolution bis in die jüngste Gegenwart aus.

2. Wie sieht es für die einzelnen Kontinente und Länder aus?

3. Wie sind Altertum, Mittelalter und Neuzeit bis 1789 diesbezüglich zu beurteilen?

4. Wie schneidet die attische Demokratie unter Perikles diesbezüglich ab?

5. Wie viele Staaten und wie viele Menschen insgesamt werden gegenwärtig totalitär regiert?

6. Welches sind die Mindestkriterien, die erfüllt sein müssen, um ein Staatswesen als demokratisch zu bezeichnen? Wie viele Staaten mit wie vielen Menschen insgesamt erfüllen diese Kriterien?

7. Wie funktioniert und kooperiert das gegenwärtige Netz internationaler Organisationen unterhalb der UNO? Dabei denke ich an NATO; G7, G20, OECD, Weltbank, Internationaler Währungsfond usw. sowie die großen Staatenvereinigungen wie EU, ASEAN usw.

Vorschläge

1.Bildung einer Gruppe möglichst aller demokratischen Staaten der Erde analog zu der G7-Gruppe aber mit ausgeweiteter Zielsetzung. Kooperationsfelder könnten sein: Einsatz für Menschenrechte und Demokratie evtl. in Abstimmung mit Amnesty International, Weiterentwicklung demokratischer Strukturen,[15] Koordinierung der Entwicklungshilfe, Unterstützung von Blauhelmeinsätzen der UNO, Unterstüt-

---

[15] Dafür wurden an anderer Stelle in diesem Buch mehrere Vorschläge unterbreitet. Die Akzeptanz der Demokratie lässt auch in demokratischen Staaten zu wünschen übrig wie für Deutschland gerade eine Studie von Infratest-Dimap im Auftrag der FU Berlin zeigt: Mehr als 60 % der Deutschen ist der Meinung, dass in Deutschland keine echte Demokratie herrscht. (Vgl. Freie Presse, 24.2.2015, S. 5)

zung anderer UNO-Programme, Entlastung der NATO und der USA, Verbesserung der globalen Umweltpolitik usw.

2. Demokratische Weiterentwicklung der unter 1. skizzierten Gruppierung zu einer Union demokratischer Staaten (UDS).

These 10. Ökonomischer Fortschritt sollte langfristig keine Verlierer haben.

Offene Frage

Lässt sich wirtschaftsgeschichtlich ein Zusammenhang nachweisen zwischen der Geschwindigkeit, Stetigkeit, Ausgewogenheit und Nachhaltigkeit von Entwicklungen einerseits und arbeitsrechtlichen und umweltbezogenen Beschränkungen andererseits?

These 11. Nur in einer von Liebe geprägten Zivilisation ist der Marx'sche Grundsatz ,jeder nach seinen Fähigkeiten, jedem nach seinen Bedürfnissen' realisierbar.

Offene Fragen

1. Kommt es in einer Zivilisation, in der alle Mitglieder die Grundeinstellung der Liebe haben, notwendigerweise zur Verwirklichung des Grundsatzes ,jeder nach seinen Fähigkeiten, jedem nach seinen Bedürfnissen'?

2. Ist dies unabhängig davon, welche Rechts-, Wirtschafts- bzw. Gesellschaftsordnung in der betreffenden Zivilisation herrscht, sofern liebevolles Handeln nicht ausdrücklich untersagt ist?

3 .In welchem Umfang lässt sich die Vereinigte Ordnung ohne die Hilfe Gottes realisieren, z. B. in einer atheistischen Gesellschaft?

4. Welche Bedingungen müssen erfüllt sein, damit eine Familie oder eine Unternehmung in sich eine Vereinigte Ordnung realisieren kann

IV. Quellen

Heilige Schriften

Altes Testament

Steurer, Rita Maria (1967 bis 2012): Das Alte Testament. Interlinearübersetzung Hebräisch-Deutsch und Transkription des hebräischen Grundtextes nach der Biblia Hebraica Stuttgartensis, 5 Bände in verschiedenen Jahren (s. o.) und Auflagen erschienen, Hänssler-Verlag, Neuhausen-Stuttgart. Diese 5 Bände sind nicht in der Reihenfolge des biblischen Kanons erschienen. Bei dem Band „Josua bis Könige" hat der Herausgeber versäumt, eine Bandzahl zuzuordnen. Sinngemäß wäre es Band 2. In den Fußnoten beziehe ich mich mit dem abgekürzten Verweis „Altes Testament" auf den Band, in dem das jeweilige Buch hebräisch-deutsch abgedruckt ist, und glätte den wortwörtlichen Text so wenig wie möglich.

Neues Testament

Dietzfelbinger, Ernst (1986): Das Neue Testament, Interlinearübersetzung Griechisch-Deutsch, Griechischer Text nach der Ausgabe von Nestle-Aland, 26. Auflage, übersetzt von Ernst Dietzfelbinger, Hänssler-Verlag, Neuhausen-Stuttgart. In den Fußnoten beziehe ich mich mit dem abgekürzten Verweis „Neues Testament" auf diese Übertragung und glätte den wortwörtlichen Text so wenig wie möglich.

Die Bibel

Auf sie wird in diesem Buch getrennt mit „Altes Testament" und „Neues Testament" und dem jeweiligen Buch verwiesen, weil unterschiedliche Übersetzer zugrunde gelegt wurden. Es handelt sich um die Interlinearübersetzungen aus dem Hebräischen (s. o. unter Steurer) und aus dem Griechischen (s. o. unter Dietzfelbinger)

Gelegentlich kommentiert wurden folgende Übersetzungen:
Directmedia (H.) (2004): Biblia. Das ist: Die gantze Heilige Schrift: Deutsch. Auffs new zugericht von D. Martin Luther (1545) Digitale Bibliothek, Band 29, Directmedia, Berlin
Deutsche Bibelgesellschaft (Hg.) (1954/1992): Die fünf Bücher der Weisung. Verdeutscht von Martin Buber gemeinsam mit Franz Rosenzweig. 10., verbesserte Auflage der neubearbeiteten Ausgabe von 1954, 4 Bände, Deutsche Bibelgesellschaft, Stuttgart
Katholische Bibelanstalt (Hg.) (1980). Die Bibel, Altes und Neues Testament, Einheitsübersetzung, Herder, Freiburg-Basel-Wien

Das Buch Mormon
The Church of Jesus Christ of Latter-day Saints (Hg.) (1830/1976): The Book of Mormon, An Account Written by the Hand of Mormon upon Plates taken from the Plates of Nephi, Translated by Joseph Smith, Jun. Salt Lake City, Utah, U. S. A. In den Fußnoten wird dieses Werk abgekürzt als "Buch Mormon" bezeichnet. Die wörtlichen Zitate sind von mir möglichst wörtlich übersetzt.

Lehre und Bündnisse
The Church of Jesus Christ of Latter-day Saints (Hg.) (1835/1981): The Doctrine and Covenants of the Church of Jesus Christ of Latter-day Saints, Containing Revelations Given to Joseph Smith, the Prophet With some Additions by his Successors in the Presidency of the Church. Salt Lake City, Utah, U. S. A. In den Fußnoten wird dieses Werk abgekürzt

als "Lehre und Bündnisse" bezeichnet. Die wörtlichen Zitate sind von mir möglichst wörtlich übersetzt.

Köstliche Perle
The Church of Jesus Christ of Latter-day Saints (Hg.) (1851/1976): The Pearl of Great Price. A Selection from the Revelations, Translations and Narrations of Joseph Smith, First Prophet, Seer and Revelator to the Church of Jesus Christ of Latter-day Saints, Salt Lake City, Utah, U. S. A. In den Fußnoten wird dieses Werk abgekürzt als "Köstliche Perle" bezeichnet. Die wörtlichen Zitate sind von mir möglichst wörtlich übersetzt.

Sonstige Quellen

Abbot, Edwin A. (1884/1982): Flächenland. Ein mehrdimensionaler Roman verfasst von einem alten Quadrat, Klett-Cotta, Stuttgart

Alexander, Eben (2012/2013): Blick in die Ewigkeit, 3. Auflage, Ansata Verlag, München

Allred, Gordon (Hg.) (1979): God the Father, Deseret Book Company, Salt lake City

Arrington, Leonhard J. (1958/1966): Great Basin Kingdom. An Economic History of the Latter-day Saints 1830-1900. University of Nebraska Press, Lincoln-London

Arrington, Leonhard J./Fox, Feramorz Y./May, Dean L. (1976): Building the City of God. Community and Cooperation among the Mormons, Deseret Book Company, Salt Lake City

Augustinus, Aurelius (ca. 400/2000): Bekenntnisse, 9. Aufl., Deutscher Taschenbuch Verlag, München

Barker, James L. (1960/1984): Apostasy from the Divine Church, Bookcraft, Salt lake City

Benson, Ezra Taft: The Great Commandmant – Love the Lord, Ensign, May 1988

Benson, Ezra Taft (1990): Jesus Christ – Our Savior and Redeemer, Ensign Juni 1990

Brinzanik, Roman/Hülswith, Tobias./ (Hg.) (2010): Werden wir ewig leben? – Gespräche über die Zukunft von Mensch und Technologie, Suhrkamp, Berlin

Buber, Martin (1994): Erzählungen von Engeln, Geistern und Dämonen, 2. Aufl., Verlag Lambert Schneider, Gerlingen

Buch Mormon. Die vollständigen bibliographischen Angaben finden sich in diesem Literaturverzeichnis unter The Church of Jesus Christ of Latter-Day Saints (Hg) (1830/1976)

Bushman, Richard Lyman (2005): Joseph Smith – Rough Rolling Stone, Alfred A. Knopf, New York

Coase, R. H (1960) :The Problem of Social Cost, in: Journal of Law and Economics, Vol. 3 (1960), S. 1-44

Clouse, Robert (Hg.) (1977/1983): Das Tausendjährige Reich: Bedeutung und Wirklichkeit. Vier Beiträge aus evangelikaler Sicht, Verlag der Francke-Buchhandlung, Marburg

Dante Alighieri (ca. 1320/2011): Die Göttliche Komödie, Insel Taschenbuch 4504, Insel Verlag, Berlin

Davidson, John (1991): Natural Creation and the Formative Mind. Element Books Ltd., Shaftesbury, Dorset, England

Davidson, John (1994), Am Anfang ist der Geist. Die Geburt von Materie und Leben aus dem schöpferischen Geist. Otto Wilhelm Barth Verlag, Bern-München-Wien (Übersetzung von Davidson 1991)

Dawkins, Richard (2006/2007): Der Gotteswahn, 3. Aufl., Ullstein Buchverlage, Berlin

Der Koran, in: http://www.koransuren.de

Elias, Norbert (1939/2010): Über den Prozess der Zivilisation. Sozialgenetische und psychogenetische Untersuchungen, 2 Bände, Suhrkamp, Berlin

Emmott, Stephen (2013): Zehn Milliarden. Suhrkamp, Berlin

Fine, Cordelia (2007): Wissen Sie, was ihr Gehirn denkt? Wie in unserem Oberstübchen die Wirklichkeit verzerrt wird...und warum. Springer Spektrum, Heidelberg

Gitt, Werner (1980): Logos oder Chaos. Aussagen und Einwände zur Evolutionslehre sowie eine tragfähige Alternative, Hänssler-Verlag, Neuhausen-Stuttgart,

Goschke, Thomas (2013): Wie wir entscheiden. Erkenntnisse aus Psychologie und Neurowissenschaft. Vortrag am 26.02.2013 am Deutschen Hygiene Museum Dresden

Goethe, Johann Wolfgang von (1831/1998): Faust. Eine Tragödie, in: Goethes Werke, Band III, Dramatische Dichtungen I, Sonderausgabe 1998, Verlag C. H. Beck, München

Hoerster, Norbert (2013): Was ist eine gerechte Gesellschaft. Eine philosophische Grundlegung. C.H.Beck, München.

Huntington, Samuel P. (1996/1998): Kampf der Kulturen. Die Neugestaltung der Weltpolitik im 21. Jahrhundert. Goldmann, München

Jank, Horst Henning (2000): Georgien. Institutioneller Wandel und wirtschaftliche Entwicklung. Technische Universität Cottbus, Cottbus

Johannsson, Bruno (2014): Ich liebe dich, wenn ich mich liebe. Ich liebe mich, wenn ich dich liebe. Zum Verhältnis von Eigen- und Nächstenliebe. Essay. In: http://philosophy-slam.de/ich-liebe-dich-wenn-ich-mich-liebe

Johannsson, Bruno und Thea: Spielregeln der Gesellschaft. Philosophische Dialoge, unveröffentlichtes Manuskript

Johannsson, Thea (2012): Screwtape schreibt wieder, unveröffentlichtes Manuskript

Kaiser, Stephan/Ringlstetter, Max u. a. (2011): Creating Balance? International Perspectives on the Work-Life Integration of Professionals, Springer, Berlin.

Kant, Immanuel (1788/1900): Kritik der praktischen Vernunft, in: Ausgabe der Preußischen Akademie der Wissenschaften, AA V

Kirche Jesu Christi der Heiligen der Letzten Tage (Hg.) (1996): Gesangbuch, Frankfurt a. M.

Kirche Jesu Christi der Heiligen der Letzten Tage (Hg.) (1997)): Lehren der Präsidenten der Kirche: Brigham Young, Salt Lake City, Utah, USA

Kirche Jesu Christi der Heiligen der Letzten Tage (Hg.) (2007)): Lehren der Präsidenten der Kirche: Joseph Smith, Salt Lake City, Utah, USA

Kirche Jesu Christi der Heiligen der Letzten Tage (Hg.) (2012): Lehren der Präsidenten der Kirche: Lorenzo Snow, Salt Lake City, Utah, USA

Kleist, Heinrich von (1810/1985): Michael Kohlhaas. Erzählung, in: Kleists Werke in zwei Bänden, Erster Band, Aufbau Verlag, Berlin-Weimar, S. 80 ff.

Koch, Christof (2007): Das Nicht-Bewusste oder der Zombie in uns, in: Sentker, Andreas/Wigger, Frank (Hg.): Rätsel Ich. Gehirn, Gefühl, Bewusstsein. Springer-Verlag und Zeit-Verlag, Berlin-Heidelberg, S. 267 – 279

Köstliche Perle. Die vollständigen bibliographischen Angaben finden sich weiter unten unter The Church of Jesus Christ of Latter-Day Saints (Hg.) (1851/1976)

Knoblauch, Hubert (1999): Berichte aus dem Jenseits. Mythos und Realität der Nahtoderfahrung, Herder-Verlag, Freiburg

Knoblauch, Hubert/ Soeffner, Hans-Georg (1999): Todesnähe. Interdisziplinäre Beiträge zu einem außergewöhnlichen Phänomen, Universitätsverlag Konstanz, Konstanz

Kübler-Ross, Elisabeth (1969): Interviews mit Sterbenden, Kreuz-Verlag, Stuttgart

Larson, Andrew Karl (1961/1992) "I Was Called to Dixie": The Virgin River Basin: Unique Experiences on Mormon Pioneering, Dixie College Foundation, St. George, Utah

Lehre und Bündnisse. Die vollständigen bibliographischen Angaben finden sich weiter unten unter The Church of Jesus Christ of Latter-Day Saints (Hg.) (1835/1976)

Leibniz, G. W.(1714/1998): Monadologie. Übersetzt und herausgegeben von Hartmut Hecht, Reclam, Stuttgart

Lewis, C. S. (1944/1961): Dienstanweisung für einen Unterteufel, 7. Aufl., Herder, Freiburg-Basel-Wien.

Lommel, Pim van (2007/2009): Endloses Bewusstsein. Neue medizinische Fakten zur Nahtoderfahrung, Patmos, Düsseldorf

Lund, Gerald N. (1971/1980): The Coming of the Lord, 15. Auflage, Bookcraft, Salt Lake City

Luther, Martin (1517/2014): 95 Thesen in: http://www.luther.de/leben/anschlag/95thesen.html

Luther, Martin (1517/1883-2009): Auslegung der sieben Bußpsalmen, Traktat, in: D. Martin Luthers Werke, Band 1, Weimar, S. 158 ff.

Luther, Martin (1520/1883-2009): Von der Freiheit eines Christenmenschen, Traktat, in: D. Martin Luthers Werke, Band 7, Weimar

Marx, Karl (1863-1873/1988): Das Kapital. In: Marx-Engels-Werke (MEW), Band 23, Dietz Verlag Berlin, 1988,

Marx, Karl (1875/2014): Randglossen zum Programm der Deutschen Arbeiterpartei, 1. Abschnitt. Dieser kurze Text war in einen Brief eingebettet, wurde posthum von Engels veröffentlicht und wird auch als „Kritik des Gothaer Programms" bezeichnet. (Vgl. http://de.wikipedia.org/wiki/Kritik_des_Gothaer_Progr, Stand: 2014-07-17)

Mathur, Vijay K.(1991) "How Well Do We Know Pareto Optimality?" Journal of Economic Education, Vol.22, Nr.2

McConkie, Bruce R. (1979): Mormon Doctrine, Second Edition, Bookcraft, Salt Lake City

McConkie, Bruce R. (1982): The Millenial Messiah. The Second Coming of the Son of Man, Deseret Book Company, Salt Lake City

McGrath, Allister (2007): Der Atheismus-Wahn. Eine Antwort auf Richard Dawkins und den atheistischen Fundamentalismus, Gerth Medien, Asslar

Monson, Thomas S. (2014): Love – the essence of the Gospel, in: Ensign, May 2014, Volume 44, Number 5, S. 91-94

Moody, Raymond A (1977): Reflections on Life after Life, Bentam Books, New York

Moody, Raymond A (2008): Nachgedanken über das Leben nach dem Tod, Neuausgabe, 2. Aufl., Rowohlt, Reinbek

Mouritsen, Dale C.(1977): The Spiritual World – Our Next Home, in: Ensign, January 1977, S. 47 – 51

Nagel, Thomas (2013): Geist und Kosmos. Warum die materialistische neodarwinistische Konzeption der Natur so gut wie sicher falsch ist. Suhrkamp, Berlin

Peterson, Martin (2009): An Introduction to Decision Theory, Cambridge University Press, Cambridge

Platon (ca. 380 v. Chr./1985 n. Chr.): Das Trinkgelage oder über den Eros, Insel Verlag, Frankfurt a. M.

Piketty, Thomas (2013/2014): Das Kapital im 21. Jahrhundert. C. H. Beck, München

Popper, Karl. R./Eccles, John C. (1977/2005): Das Ich und sein Gehirn. 5. deutsche Auflage, Piper, München-Zürich, S. 585

Precht, Richard David (2007): Wer bin ich – und wenn ja wie viele? Eine philosophische Reise, Wilhelm Goldmann Verlag, München

Sarrazin, Thilo (2010): Deutschland schafft sich ab. Wie wir unser Land aufs Spiel setzen. Deutsche Verlagsanstalt, München

Schiller, Friedrich (1793/1997?): Über Anmut und Würde. In: Sämtliche Werke, Band V: Philosophische Schriften, Vermischte Schriften, S. 265, Deutscher Bücherbund, Stuttgart

Schmid, Wilhelm (2000): Die Geburt der Philosophie im Garten der Lüste. Michel Foucaults Archäologie des platonischen Eros, Suhrkamp, Frankfurt a. M.

Sedlácek, Tomás (2009): Die Ökonomie von Gut und Böse, Carl Hanser Verlag, München

Sen, Amartya (1970): Collective Choice and Social Welfare, Holden-Day, San-Francisco

Sen, Amartya (1987/1990): The Standard of Living. Tanner Lectures in Human Values, The Press Syndicate of the University of Cambridge, Cambridge. Deutsch. Der Lebensstandard, Rothbuch-Verlag, Hamburg.

Sen, Amartya (1997): On Economic Inequality. Clarendon Press, Oxford 1997

Sen, Amartya (2002). Rationality and freedom. Belknap Press, Cambridge, Massachusetts

Sen, Amartya (2006/2007): Die Identitätsfalle. Warum es keinen Kampf der Kulturen gibt. C.H.Beck, München

Sen, Amartya (2011). Peace and democratic society. Open Book Publishers, Cambridge, England.

Sen, Amartya/ Stiglitz, Joseph E./ Fitoussi, Jean-Paul (2009): The Measurement of Economic Performance and

Social Progress Revisited: Reflections and Overview. Document de travail OFCE.

Sentker, Andreas/Wigger, Frank (Hg.) (2007): Rätsel Ich. Gehirn, Gefühl, Bewusstsein. Springer-Verlag und Zeit-Verlag, Berlin-Heidelberg

Sentker, Andreas/Wigger, Frank (Hg.) (2008): Schaltstelle Gehirn. Denken Erkennen, Handeln. Springer-Verlag und Zeit-Verlag, Berlin-Heidelberg

Sievert, Olaf/ Naust, Hermann/Jochum, Dieter/ Peglow, Michael/Glumann, Thorolf (1989): Steuern und Investitionen, Band 1, Verlag Peter Lang, Frankfurt a. M.

Smith, Joseph (1835/2005): Vorlesung über Glauben, 2. Auflage, LDS-Service, Friedrichsdorf

Smith, Joseph (1844/1979): Gods Many and Lords Many, in: Allred, Gordon (Hg.) (1979): God the Father, Deseret Book Company, Salt Lake City, S.244-253

Smith, Joseph (1844/1979): The King Follet Discourse, in: Allred, Gordon (Hg.) (1979): God the Father, Deseret Book Company, Salt Lake City, S.222-243

Stiglitz, Joseph (2002): Die Schatten der Globalisierung, Siedler Verlag, Berlin.

Swami, A. C. Bhaktivedanta (1968): Teachings of Lord Chaitanya. A Treatise on Factual Spiritual Life, International Society for Krishna Consciousness, New York

The Church of Jesus Christ of Latter-day Saints (2014): Becoming like God, www.lds.org/topics/becoming-like-god

The Deseret Book Company (Hg.) (1976): History of the Church of Jesus Christ of Latter-day Saints, 7 Volumes, An Introduction and Notes by B. H. Roberts, Second Edition Revised, Deseret Book, Salt Lake City

Tolstoi, Lew (1899/2002: Die Auferstehung. Roman, Aufbau-Taschenbuch-Verlag, Berlin

Uchtdorf, Dieter. F.(2013) „Du kannst es jetzt tun."
Ensign, November 2013, S. 55, eigene Übersetzung.

Wagoner, Richard S. Van (1986): Mormon Polygamy.
A History. Signature Books, Salt Lake City

Wedekind, Beate (2006): Nagaya heißt Frieden. Karlheinz Böhm und seine Äthiopienhilfe Menschen für Menschen, Rütten & Loening, Berlin

Weizsäcker, Carl Friedrich von/Gopi Krishna von Crotona (1971): Biologische Basis religiöser Erfahrung, Otto-Wilhelm-Barth-Verlag, Weilheim

Wikipedia (2015-03-18): Work-Life-Balance, in: http://de.wikipedia.org/Work-Life-Balance.

Wikipedia (2015-03-18): Kritik des Gothaer Programms, in: http://de.wikipedia.org/wiki/Kritik_des_Gothaer_Programms

Wittgenstein, Ludwig (1921/1963): Tractatus logico-philosophicus. Logisch –philosophische Abhandlung, edition suhrkamp 12, Suhrkamp, Frankfurt a. M.

V. Anhang

Die Publikationen von Thea & Bruno Johannsson und ihre Übersetzungen ins Englische

sind in 30 Ländern Europas sowie in USA, Kanada und Australien in Print- und eBook-Ausgaben in deutscher bzw. englischer Sprache verfügbar. Den Überblick kann man sich verschaffen, indem man z. B. bei www.hugendubel.de oder www.amazon.de „Bruno Johannsson" eingibt. Alle verfügbaren Werke werden mit ISBN-Nummern, Editionsformen, Preisen in Landeswährung usw. aufgelistet. Durch Klicken auf das gewünschte Coverfoto gelangt man zu einer Buchbeschreibung und zu einem „Blick in das Buch", der Titelei, Inhaltsverzeichnis, Vorwort und Leseprobe enthält. Bei anderen der zahlreichen Onlinehändler und eBook-Shops kann es leichte Abweichungen in der Gestaltung geben. Evtl. Weitergehende Leseproben bietet www.theaundbruno.jimdofree.com.
Für alle, die sich über den lokalen Buchhandel informieren und bedienen möchten, wird im Folgenden eine Liste der Titel angegeben, die etwas übersichtlicher ist als die der Online-Händler. Wenn der Buchhändler einen Titel nicht vorrätig hat, kann er ihn über das Internet aufrufen und bestellen.

Die Philosophischen Dialoge von Thea und Bruno in der Edition Sokrates.

Fünf dieser Dialoge wurden live bei Radio Darmstadt aufgenommen, gesendet und durch ein Interview mit dem RedakteurHelmuth Müller bereichert, das auch in den Bänden abgedruckt ist.
Band 1
Spielregeln der Gesellschaft.
Was uns zusammenhält und auseinandertreibt,
Paperback, 240 Seiten, ISBN: 978-3-744886-970

Band 2
Der Weg zur Wahrheit – holprig und schmal?
Paperback, 217 Seiten, ISBN: 978-3-752868-470
Band 3
Im Chaos der Möglichkeiten. Wo ist mein Weg?
Paperback, 272 Seiten, ISBN: 978-3-7481-3926-3
Band 4
Letztfragen
Paperback, 283 Seiten, ISBN: 978-3-749467-839
Band 5
Das Geheimnis des Ich
Paperback, 270 Seiten, ISBN: 9 783 753 421766

Der Beitrag von Thea und Bruno zum Globalen Pakt für Flüchtlinge der Vereinten Nationen vom 17.12.2018
„Plädoyer für eine global-solidarische Flüchtlingspolitik"
siehe https://theaundbruno.jimdofree.com/essays/

Brunos Sachbücher in der Edition Aquin

Band 1
Flucht – eine globale Herausforderung.
Wege im Dilemma
Paperback, 335 Seiten, ISBN 978-3-740743-116
Band 1.1.
Flüchtlingspolitisches Manifest
Die Thesen, Fragen und Vorschläge aus
„Flucht – eine globale Herausforderung
Paperback, 75 Seiten, ISBN 978-3-7407-4783-1

Band 2
Jahrhunderte nach Luther.
Ein christliches Manifest in einer pluralistischen und globalisierten Welt
Paperback, 360 Seiten, ISBN: 9 783740 783440

Band 2.1.
Ein christliches Manifest.
Die Thesen, Fragen und Vorschläge aus
„Jahrhunderte nach Luther"
Paperback, 72 Seiten, ISBN: 9 783754 307427

Brunos Gedichtbände in der Edition Eliza
Komm
Gedichte
Hardbound, 98 Seiten
Edition Eliza, Band 1, ISBN: 9 783754 302439

Wer bist Du?
Gedichte
Hardbound, 60 Seiten
Edition Eliza, Band 4, ISBN: 9 783754 302699

Thea und Brunos Übersetzungen aus dem Englischen
Um Informationen zu diesen Werken online abzurufen, ist es
erforderlich, die folgenden Autoren und Titel z. B. auf
www.amazon.de einzugeben.

Carol Lynn Pearson
Anfänge
Gedichte, Edition Eliza Band 2
2. deutsche Auflage, 84 Seiten
Gebundene Ausgabe: ISBN: 978-3-749420-339
Auch Taschenbuch und eBook verfügbar.

Joseph Smith
Vorlesung über Glauben
Edition Eliza Band 3, Paperback, 104 Seiten; auch als eBook
3. Auflage, ISBN: 978 3 919081 972

Übersetzungen von Brunos Werken ins Englische
Übersetzerin: Hilary Teske
In order to secure local delivery to local conditions it is necessary to contact the national websites of the bookstores.
For Amazon these are www.amazon.com for USA
www.amazon.co.uk for UK, www.amazon.ca. for Canada and
www.amazon.com.au for Australia

Centuries After Luther
A Christian Manifest in a Pluralistic and Globalized World
eBook and paperback 300 pp. ISBN: 9 983740 772765

A Christian Manifest
The Theses, Questions and Proposals out of
"Centuries After Luther"
eBook and paperback 76 pp. ISBN:9 783754 307427

Come
Poems about the Second Coming,
Eliza Editions 1
94 pp, hardbound, softbound and eBook editions available
ISBN: 978-3-740730-659, 973-3-740744-496,
ASIN:B07856L43K

Von Thea und Bruno administrierte Websites
Die Website des Philosophenpaares mit Leseproben usw.
https://theaundbruno.jimdofree.com
Das HLT-Kultur-Portal mit mehr als 100 Besuchern täglich
www.omega-media.net
In englischer Sprache mit Leseproben zu „Come" und
„Centuries After Luther"
https://bruno-johannsson.jimdofree.com